サピエンティア 45 sapientia

平和なき「平和主義」

평화없는 '평화주의'

戦後日本の思想と運動

権赫泰［著］
鄭栄桓［訳］

法政大学出版局

はしがき

二〇一五年九月、予想どおり「戦争関連法案」が日本の国会で可決された。武装を禁止した条文を変えないまま、法律によって憲法を軽々と超えてしまったことは、憲法の形骸化にとどまらない、「憲法の停止」であるといえる。今回の法案の可決は、こうしたある種のクーデターが実際に可能だということを、改めて私たちに確認させる。もちろん軍隊や警察の力を動員したものではなく、有権者と議会の多数の支持を背景にした一種の「平和なクーデター」である。憲法の否定というクーデターが議会制民主主義のもとで合法的になされたのである。手続的民主主義はつねに「平和主義」とイコールではなく、それどころか戦争や独裁といくらでも親和的たりえるという事実を思い知らされる。こうして日本政府はいわゆる集団的自衛権を行使する権限を手に入れ、ふたたび「戦争のできる国」となって米国の軍事行動に堂々と参加できるようになった。

憲法がその国家のアイデンティティと方向性をあらわすものだとすれば、まさに安倍首相が「戦後レジームからの脱却」と語ったように、日本はこの平和なクーデターによって「戦後」の「平和主義」を否定し、そこから抜け出す意志表示をしたことといえる。まさしく「戦後」の否定である。

よって安倍政権のこうしたふるまいに反対することは、当然ながら「戦後」日本社会のアイデンティティとしての「平和主義」を守る意志を示すことに等しい。憲法をめぐる対立には、条文（とりわけ前文と第九条）の解釈にとどまらない、「戦後」日本に対する価値判断が織り込まれているからである。憲法にたいする態度は、「戦後」日本に対する歴史的評価に強くしばりつけられる。憲法は「戦後」そのものだからだ。一方にとって「戦後」は否定や克服の対象であり、他方にとっては守らねばならない対象である。このように、憲法に対する態度が特定の時空間に対する歴史的評価と直接的かつ緊密につながっていることは、日本社会の憲法をめぐる議論な特徴である。

しかしよく考えてみると、安倍政権が起こしたこうした事態には、目新しさばかりがあるわけではない。程度の違いはあるが、日本の歴史をふりかえると似たようなことは容易に確認できる。遡れば、自衛隊と在日米軍という屈指の軍事力に政府や司法が合憲のアリバイをあたえた、一九五〇年代以来の解釈改憲の積み重ねがあった。今回の「憲法の停止」は、遅ればせの「現実」の追認でもあった。憲法形骸化の最後の段階であった「集団的自衛権」容認をやすやすと手に入れることで、すでに破れてぼろきれのようになっていた「平和主義」というこの手に余る服を完全に脱ぎ捨てたのである。いわばこれまでの流れへの「逆行」ではなく拡大なのである。これまでの解釈改憲に、もうひとつ解釈改憲を付け加えたのである。よって安倍政権の登場により加速している「平和主義」の否定を突発的な事態ととらえるのではなく、歴史の必然的な帰結とみなければならない。

だとすれば、問わねばならないのは日本の「戦後」を支えてきた「平和主義」の内実とはいかなるものだったのか、そしてその「平和主義」がいかなる条件のもとで可能であったのか、そして、度重なる解釈改憲によりいかにして現在のような事態に至ったのか、である。この問いを「戦後」の矛盾の解明という問題意識に照らして考える必要がある。必要なのは「戦後」にたいする内在的な批判である。以下では、こうした問題意識を抱くようになった経緯について、私的な経験とともに簡単に整理しておきたい。

筆者がはじめて日本の地を踏んだのは一九八五年の春である。それから一〇年以上の滞日が断続的に続いたが、帰国後も日本について書き、教えることを職業としたため、日本との因縁は気がつけばもう三〇年を超える。経済史研究からはじまり、少しずつ平和問題や社会運動、韓日関係へと研究の領域を広げてきたが、「最初の出会い」のときは日本についての知識は無に等しかった。当初の問題意識について、それなりのかたちと論理を備えて、大雑把ながらも自らの考えを語れるようになるまでには、実に多大な時間と力が必要であったことは言うまでもない。

一九八五年に反共軍事独裁末期の「暗い」韓国を離れて日本に辿り着いたが、その時に経験した日本社会は今とは大分違っていた。多少は衰退の兆しはあったが、それでも当時は、依然として「平和」と民主主義という価値が空気のように人々の日常を包み込んでいた。「平和」という言葉も溢れかえっていた。もちろんこの「平和」がどのような歴史と条件のもとで可能なのかについての根本的な省察を見つけ出すことは難しかったが、それでも「平和」と民主主義は、経済成長の果実としての豊かさや政治的余裕、生の安定性とともに、私を圧倒させるには充分だった。当時の日本で流行していた「平和ボケ」という言葉は、「平和」の果実をタダで食べていることへの焦燥感とともに、戦争の廃墟から立ち直り、「平和」と経済的な豊かさを自由に享受する日本の「成功物語」への自負をあらわしてもいた。たしかに第二次世界大戦後、戦争の恐怖から抜け出て経済的に豊かに暮らすことができる「日常の権利」を当然に享受できた地はそう多くはない。

日本のなかの他者であった私には、日本の豊かさと「平和」は、韓国の貧しさと「不平和」と奇妙な対称をなすものに映り、こうした思いは日増しに増幅していった。このときの感覚は、少し大げさかもしれないが、金石範が『火山島』で描いた、一九四八年に武装闘争に必要な資金を集めるために日本に派遣された済州島の人間が、東京の代々木駅に降り立って日本共産党の「堂々たる」看板をみたときに陥った無力感と似ているともいえるかもしれない。もっと遡れば、金を稼ぐため、あるいは留学するために日本に渡った植民地の朝鮮人が、「洗練された先進日本」と「植民地朝鮮」の埋めがたい落差を感じて限りない「絶望」に陥ったことにも似ているかもしれない。これは私のみならず、当時の多くの「韓国人」に共通する経験であっただろう。

振り返って考えてみると、韓日関係だけでなく東北アジアでは、一九世紀以来「平和」という価値と制度を同時に共有した経験がほとんどなかった。一九世紀末から二〇世紀前半までは、日本を「盟主」として序列化された国家/民族の位階秩序が東北アジアを支配した、「野蛮の時代」であった。戦争が終わった後にも、戦前の遺産を維持したまま、大きな枠組みでみれば、北方のロシア/中国/北朝鮮と、南方の米国/日本/韓国という三角体制が反目と対立をくりかえしてきた。

東北アジアはこれまでの約一〇〇年のあいだ、非対称的な歩みをくりかえしてきたのである。

ところが奇妙なことに、一九四五年を境にそれまでは東北アジアで起こったあらゆる戦争の当事者であった日本が、そこから抜け出て「平和」を謳歌してきたのに対し、植民地支配の被害を経験した朝鮮半島は分断を強制され、戦争と軍事独裁政権を経験するなど「不平和」から抜け出ることができなかった。韓国と日本は同じ三角体制のなかにいながらも、互いに異なる「戦後」を生きてきたのである。

なぜこのようなことが起こったのか。韓日両国はなぜこれほど非対称的なのか。一方は「平和」なのに、なぜ他方は「不平和」なのか。これが日本で生活をはじめたころに抱くようになった私の問題意識である。この疑問に答えるためにはじめに思いついた研究方法は比較論や比較史だった。この方法は他の国家や地域との比較を通して、自国の特徴や差異、共通点を析出するためのものだが、この方法では二つの地域や国家相互の関係性は問題にならない。理論上はほとんど関係のない地域や国家間の比較も可能であり、実際にそのような研究はたくさんある。ところがこの方法は二つの社会のあいだの発展段階の序列を前提とする場合が多い。特定の「先進」地域や国家を発展の普遍的モデルと想定し、これとの比較を通して「後進」諸国の発展の程度と向かうべき道を位置づける。いまでもそうだが、当時の韓国の日本研究は、日本を向かうべき未来のモデルと想定して、日本との比較を通して韓国社会の「後進性」を析出することで発展の道筋を探ろうとしていた。日本の学問が、絶えず欧米「先進」社会との比較をとおして日本の「後進性」を析出しようとした問題意識とよく似ている。

しかしこの方法には限界があった。例えば、比較の対称である二つの社会に歴史的に密接な関係があり、その関連ゆえに一方の「先進性」が他方の「後進性」と構造的に連動している場合、比較史の手法はこの構造を充分にとらえられない。そこで辿り着いたのが「関係論」という方法である。「関係論」はある国家や地域の構造と、他の国家や地域との連動という次元で位置づける方法である。韓国を日本を比較した体験から、一方の「平和」と他方の「不平和」という違いを確認した筆者は、徐々に韓日間の非対称的な「戦後」が互いにどのようにつながっているのかという、「関係論」を土台にした構造の解明へとその問題意識を移していった。

この過程で、日本の「平和主義」についていくつかの疑問を抱くようになった。例えば、日本には非核三原則がある。これは広島／長崎の悲惨な被爆経験から生まれたものだ。だが非核三原則と日本が米国の「核の傘」のもとにあるという現実の矛盾は、どう理解すればよいのか。核兵器を保有する米国と日本は同盟関係にある。この現実をみて周辺諸国は、仮に核兵器を保有していなくても、日本を「間接的核保有国」とみなすのではないか。周辺諸国にとって核兵器の国籍は大事な問題ではないからだ。これは韓国も同様である。

また、日本には平和憲法がある。「平和主義」を掲げる偉大な憲法だ。憲法をひとつの規範とみなすならば、この憲法の前文と第九条は絶対的平和の価値を充分に具現したものといえるだろう。そのような意味では、この憲法を人類の「共通の財産」や「世界文化遺産」と評価する「憲法九条輸出論」が主張される背景も理解はできる。だがこの憲法のおかれた具体的な現実をみると、話は変わってくる。

これは二つのレベルで考えることができる。一つは戦争の歴史に対する「けじめ」の問題である。現行の憲法は過去の戦争に対する反省を具現したものではある。その意味で日本国憲法の制定は移行期の正義を果たそうとしたものだった。憲法は日本社会が進むべき方向を示すにとどまらず、過去の歴史を清算する意志の試金石となったのである。憲法制定過程で米国の「押し付け」があったとしても、制定から今日に至るまで、明文改憲を阻止する主体的な努力により「戦後」が続いてきた以上、日本社会のこうした「選択」を貶める必要はない。だがこの憲法が制定され、機能してきた歴史的経緯をみると、ここでの反省の対象は基本的にはアジア太平洋戦争（あるいは「十五年戦争」）であって、植民地の侵略は含まれていないことがわかる。よって戦争への反省と平和への意志が込められているこの憲法を守ろうという声は、場合によっては植民地支配責任を果たさない「戦後」体制を守ろうという声に聞こえてしまう。

外交安保の問題としてみるとどうだろうか。非武装を規定した日本国憲法は、少なくとも文言上は「軍隊の無い国」という前人未到の理念を実現しようとしている。だからこそその実現の如何にかかわらず、憲法の問題は安全保障の問題と結びつかざるをえない。改憲派は自主国防あるいは米日軍事同盟の強化（この二つの立場はときには対立する）を主張し、護憲派は自衛隊の解体と在日米軍撤退を通した非武装平和主義を主張してきたが、現実には、誰もが知っているように解釈改憲をとおして自衛隊・在日米軍と憲法九条が奇妙な同居をする体制が成立している。実際には重武装しているにもかかわらず、条文のうえでは非武装という矛盾が生じている。この矛盾はしばしば理想と現実の乖離と表現されるが、問題は両者がそれぞれ別々に並存しているのではないということだ。軍備を禁止した憲法を、軍備が支えるという奇妙な構造があるのだ。

こうした奇妙な構造は、「片面講和」と日米安保条約の締結により生まれたため、冷戦体制と分離できない。憲法の「平和主義」は冷戦体制下での米国の対アジア戦略の産物でもある。米国は、日本とアジアを米国を頂点とする分業関係のネットワークのもとに位置づけた。韓国には戦闘基地の役割が、日本には兵站基地の役割が与えられた。日本が「平和」を維持できたのは、在日米軍の七〇％以上を沖縄に駐屯させ、韓国が戦闘基地、すなわち軍事的バンパーとしての役割を担い、周辺地域が軍事的リスクを負担したからだ。そして、この地域では、米国に与えられた役割に適合的な政治体制が必要であった。それが日本の自民党長期政権であり、韓国の反共軍事独裁政権であった。

このように日本の「平和主義」を周辺地域との関わりからみると、そこに数多くの矛盾があることがわかる。武装を禁止した憲法が高度の軍事力を誇る自衛隊・在日米軍と共存し、非核三原則が米国の「核の傘」と共存している。「戦後」日本はこのような矛盾に満ちていたにもかかわらず「平和主義」と規定された。これはあまりに過剰な規定であった。それどころか、強力な軍事力を隠蔽する一種の「麻酔剤」だったのかもしれない。

本書は、以上のような問題意識に立脚し、主として「戦後」の争点や事件を主題に、筆者が近年韓国で朝鮮語で発表した論考を全体的な趣旨にあわせて加筆・修正をし編集したものである。よって韓国ではまだ本書のようなかたちで刊行されたことはない。多様な時期と主題を扱ったため構成の上で穴がないわけではないが、日本の「戦後」の矛盾を明らかにしている点では一貫している。

本書が出版されるまでには実に多くの方々の助けを得た。一人ひとり名をあげて謝意を表すべきではあるが、紙幅の関係上省略したい。本書の翻訳者である鄭栄桓氏は単行本の出版を提案してくださり丁寧に翻訳してくださったのみならず、筆者が発表した既存の学術論文から本書の趣旨に合う論文を選別し、これを全体の趣旨にあうように配置する役割まで引き受けてくださった。ほとんど編者と変わらない役割である。二〇〇五年の最初の出会い以来、断続的に続いてきた鄭先生との学問的交流の賜物である。研究と各種の社会活動に奔走する日々を過ごしながらも、筆者に示してくださった一生忘れることのできない厚意に対し深い感謝を捧げたい。そして、法政大学出版局の奥田のぞみさんにも感謝したい。筆者の健康状態と怠慢のために原稿の修正が遅れたため、当初の出版予定を大幅に過ぎてしまったにもかかわらず、丁寧かつ正確に文章表現や事実関係についての指摘をしてくださった。奥田さんの指摘がなければ本書の出版は不可能だっただろう。

最後に筆者の生に決定的な影響を及ぼした両親（權五旭、金相姫）に感謝を捧げる。故郷にいらっしゃる年老いたお二人は、一九二〇年代に植民地朝鮮で生まれ、あらゆる差別と甚だしい貧困、そして戦争をその身ひとつで生き抜いてきた。お二人の生から歴史を学び、この学びは筆者の研究の土台となった。結びに、一生の友・尹英珠に本書を捧げる。

二〇一六年五月三一日　ソウルにて

権赫泰

平和なき「平和主義」／目次

第一章　歴史と安保は分離可能なのか
韓日関係の非対称性

1　安倍晋三と朴槿恵の「危険な賭け」

安倍晋三総理大臣は第二次内閣の発足から一年経った二〇一三年一二月二六日、靖国神社を参拝した。現職の総理としては小泉純一郎が二〇〇六年八月一五日に参拝して以来、七年四か月ぶりのことだ。これにより「戦後」の総理二八人のうち、靖国神社に参拝した一四人の総理の一人に名を連ねた。現職総理としては六七回目にあたる。靖国にA級戦犯が「合祀」された事実が明らかになった一九七九年四月（合祀は一九七八年一〇月一七日）から数えれば、安倍は靖国に参拝した五人目の総理ということになり、回数は二九回目となる。第一次内閣（二〇〇六〜二〇〇七）では参拝できなかったことを二〇一二年の衆議院選挙期間中に「痛恨の極み」と語っており、また「その気持に変わりはない」と言っていることからも、[1] 安倍総理にとってはようやくの「恨解き《ハンプリ》」となったといえよう。

「戦後政治の総決算」を掲げた中曽根康弘が電撃的に公式参拝した一九八三年以来、靖国神社は常に国際社会の関心の的であった。靖国神社には遺骨も位牌もない。いくつかの建物と、霊璽簿に記載されたA級戦犯一四人と戦没者二五〇万人の「御霊」だけがいる、この空間は、日本という国家の政治的・理念的方向性を量るバロメーターとなったという意味で、「空虚な中心」なのかもしれない。ここは新たな総理が登場したり、日本では「終戦記念日」と呼ばれる八月一五日になると、かならず論争の的になってきた。

だが安倍晋三の今回の参拝ほど内外で摩擦を引き起こしたものはない。日本国内でも少なくない反発があったが、国際社会の反発は日本政府の予想を上回った。中国と韓国が反発するのは、もちろん安倍も予想していたであろう。それでも参拝を強行したのは、両国が反発しても外交関係の断絶や軍事的衝突に至るとは考えなかったためだ。また、安倍は就任後一年間、中国の台頭に脅威を感じている東南アジア一〇か国を訪問し、「中国包囲網」を構築したと信じていたため、反発をこの二か国に留められると判断したと思われる。イギリスの週刊誌『エコノミスト』(二〇一四年一月四日付)は靖国参拝を「外交的災難」を呼び起こす「危険な賭け」だと報道したが、もし中国と韓国しか反発しなかったならば安倍の「危険な賭け」は成功したかもしれない。だがその予想は外れた。思いもしない方面から反発をうけたからだ。シンガポール外務省の報道官は一二月二九日、記者らの質問に答えて安倍の参拝に遺憾の意を表明し、[2] 国連の潘基文事務総長も一二月二七日「過去にはじまる緊張関係がいまだこの地域を悩ませていることは極めて遺憾だ」[3] と明らかにした。『聯合ニュース』（二〇一三年一二月二七日付）によれば、EU外務・安全保障政策上級代表の報道官も声明を通じて「(東北アジア）地域の緊張を弛め韓中両国との関係を改善する助けにならない」と憂慮の意をあらわした。ロシアもこの反発に加勢した。

しかし安倍にとって予想外だったのは、やはり米国の反発であった。安倍が靖国を参拝した当日、駐日米大使館は待ち受けていたかのように「日本は重要な同盟国であり友好国」だが、「日本の指導者が近隣諸国との緊張を悪化させる行動を取ったことに、米国政府は失望（disappointed）している」との声明を発表し、[4] 続けて一二月三〇日、米国務省報道官も駐日米大使館の声明を追認した。共同通信の報道（二〇一三年一二月二九日付）によれば、米国は当初外交的には極めて強い表現である「遺憾」を検討したが、日米関係を考慮して「失望」という表現に変えたという。前述した『エコノミスト』の記事によれば、米国は安倍政権に靖国に参拝しないよう何度か促したという。この報道が事実であれば、安倍は米国の度重なる要請にもかかわらず、参拝を強行したことになる。米国の反発に日本側が当惑を隠せないのには理由がある。おそらく、参拝してもなにも言われないだろうと踏んでいたのであろう。じっさい、日本の総理の靖国参拝に対し、米国政府が公式の立場を表明したことはこれまでなかったからだ。例えば一〇回も参拝した中曽根康弘に対しても、また六回参拝した小泉純一郎に対しても、米国は「沈黙」を守った。

米国にとって靖国は二つの次元で問題である。靖国に合祀されているA級戦犯一四名（七名は絞首刑、七名は病死）への判決は、「戦犯」国家日本に対して米国が主導した極東国際軍事裁判（東京裁判）が下した歴史的な決定である。そして日本はサンフランシスコ講和条約第一一条の規定により、この裁判結果を「受諾（accept）」した。よってA級戦犯に下された判決を真正面から否定する歴史観は、東京裁判やサンフランシスコ講和条約と矛盾するほかない。そして、靖国に合祀されているA級戦犯を政府高官が公式参拝すれば、解釈によっては東京裁判とサンフランシスコ講和条約を否定する行為となり、その歴史的基盤に立つ戦後体制と日米関係への明白な挑戦となりうる。だが米国はこれまで公式に「失望」のような単語を用いて声明を発表したことは一度も無かった。だとすればなぜ米国は今回に限って、反発したのだろうか。

やはり、靖国参拝が東北アジアの軍事的緊張を高めると憂慮したことが大きいと思われる。特に安倍は就任直後から一連の発言で中国や韓国と摩擦を引き起こしており、ここで参拝しては「火に油を注ぐ」と判断したのだろう。よって米国の「失望」は靖国参拝という行為そのものよりも、安倍政権が領土や歴史認識の問題で韓国や中国となんども衝突したあげくに、という気持ちがあったにちがいない。

もちろん、日中間の緊張の高まりが米国の対アジア政策に必ずしもマイナスになるわけではない。むしろ日米同盟体制の強化を基礎にして、アジアにおける日本の軍事的役割を拡大しようとする米国の利益と符合するともいえる。中国との軋轢や対立が増すほど、日本国内で危機意識が高まり対米依存が強まるのみならず、米国が求めてきた憲法改正や集団的自衛権容認に対する拒否反応も弱まるからだ。だがこれは、あくまで米国の管理のもとでの話である。安倍の靖国参拝は、韓日間のさらなる軍事協力に軋轢をもたらし、日米安保体制をもとにした韓米日の軍事同盟の構築に障害になる可能性も否定できないからである。

もちろん米国は朴槿恵政権に対しても同じ姿勢で臨んだ。米国務省のウェンディ・シャーマン（Wendy Sherman）政務次官は二〇一五年二月二七日、ワシントンのカーネギー平和財団でおこなった第二次世界大戦終結七〇周年記念講演で、「韓国と中国はいわゆる「慰安婦」問題をめぐり日本と争っており、歴史教科書の内容、さらには多様な海の名称にも異見が表出されて」いるが、このような日韓間の対立に対し「理解はできるが挫折感を抱かせる」と不満をあらわにしたうえ、「もちろん民族主義感情が相変らず利用されているし、どの政治指導者も過去の敵を非難することによって安直な拍手を受けることは難しくない。しかし、そのような挑発は進展ではなくマヒを招く」と異例に強い表現を使い批判した。さらに彼女は「前に進むために過去にあったことを乗り越える必要がある」と付け加えた(5)。

誰の目にも、歴史認識問題を取り上げて「過去」に執着し日本との関係を悪化させている韓国政府への批判を念頭に置いた発言であることは明らかであった。韓国の外交当局者はシャーマン発言の真意を「理解」すると述べたが、韓国の「ハンギョレ新聞」は「シャーマン米国務次官、日本の反省は促さず韓中に無条件協力を要求」と見出しを掲げ「日本の肩を持つ」米国を批判した。だが、歴史認識にかんして「日本の肩を持つ」米国高官の発言はこの後も続いた。二〇一五年四月に韓国を訪れたアシュトン・カーター米国防長官は「韓日関係は歴史的にたいへん難しい問題であることは理解している」としながらも、「われわれ米韓日は未来を見据えなければならない」と発言し、過去に執着する韓国政府を遠回しに牽制した。

米国の姿勢は明らかだ。東アジアの安全保障のために米韓日は軍事的な連携を強めねばならない、そのために歴史問題にはふたをしようというのである。この認識に立っているので、韓国の政治指導者に対し、いつまでも過去の問題に縛られず未来に向かって前進しようなどと発言したのだ。

実際、日米同盟と韓米同盟により韓米日は一種の三角同盟を結んでおり、韓日が軍事的に連帯することは米国の対アジア政策にとって極めて重要である。特に朴槿恵政権と安倍政権は、両政権の理念的性格からみたとき、米国にとってかつてないほど密な軍事的協力関係が期待できたことだろう。朴槿恵政権が二〇一二年に頓挫した韓日秘密情報保護協定の締結のための再度の話しあいを始めたのも、こうした米国の期待に応えようとしたからである。よって安倍の「危険な賭け」も朴槿恵政権の強硬な「対日政策」も米国の立場からすれば、「未来志向的」な韓米日の軍事安保協力の動きを妨害する「過去退嬰的」な工作にしか見えないだろう。

こうしてみると、安倍の靖国参拝をめぐる葛藤は、日韓関係が歴史認識と安全保障問題という二つの次元で機能し作動していることを表している。つまり「歴史」と「安全保障」の問題は切り離すことができないのである。

2　安倍政権と朴槿恵政権の同時代性

安倍政権が右傾化の道を歩むだろうという予測は、すでに第二次安倍内閣が発足した二〇一二年一二月から出されていた。したがって安倍の靖国参拝や従軍慰安婦をめぐる一連の修正主義的な発言は意外ではなかった。第一次政権では教育基本法を改正し憲法改正にそなえ国民投票法を制定するなど、右傾化の兆しもあった。二〇〇九年に日本ではじめて政権交代に成功した民主党はこの流れにブレーキをかけるどころか、従来の政治となんら差別化できないまま三年で政権の座を自民党に明け渡したのだ。

「日本を取り戻す」というスローガンのもと二〇一二年に登場した安倍総理は、予想通り、領土や従軍慰安婦、教科書問題について強硬な発言を繰り返し、二〇一三年末に靖国神社を公式参拝した。憲法改正への強い意志も明らかにし、集団的自衛権を行使するために解釈を拡大する意向も表明した。また、米国との軍事同盟を強化するため、安全保障に関する情報を漏洩した者への処罰条項を含む特定秘密保護法を制定した。さらに3・11以後高まった脱原発世論を抑えようと、原発を放棄する意志は全くないことを繰り返し表明した。安倍自身は二〇一四年一月三〇日の国会代表質問において、「首相や自民党が右傾化している」との批判に、「自民党は右に偏った政治も、左に偏った政治もない。あるのはただ、現実の国民に寄り添う政治だ(6)」と述べ、右傾化という巷の評価に拒否反応を示したが、右傾化という用語がそもそも政治理念の座標軸上の流れ（フロー）を示すものだとすれば、安倍政権はむしろ既存の右傾化の流れを一層加速化させているとみてよいだろう。

このように韓国・中国と日本の関係は過去最悪の状態になっている。だが、安倍政権と朴槿恵政権が生まれた当時は、両国は蜜月期を迎えるだろうという意見も少なくなかった。両政権の間にはいくつかの共通点を見いだせるからだ。第一に二人とも「二世（世襲）政治家」であること、第二に象徴的な意味で「維新の復活」を体現する政治家であること、第三に親米反共保守色が強いことである。日本では、一九八〇年代以降に首相になった一九人のうち一二人が「二世政治家」であるうえ、自民党議員の約三〇％以上を二世政治家が占めるほどであるから、決して驚くことではない。だが韓国の場合は、二世政治家は極めて珍しい。よって朴槿恵の登場は、今後の韓国社会で二世政治家が特別な勢力となることを予想させるものであった。急激な経済成長は世代間の職業・階層の激しい移動をもたらしたが、その成長が終焉を迎えるや、一部で職業・階層の世襲・固定化が現われるのが常である。このさい、地位や財産だけではなく、理念と価値も世襲・固定化されるのは言うまでもない。だからこそ、二人の登場を「維新の復活」と言いかえることもできるのである。

冷戦の終結後、韓国も日本も様々な政治的模索を重ねたあげく親米反共体制を復活させたのは、東アジアにいまだに強い冷戦の枠組みが残っている証明でもあろう。両者のこうした共通点から、開発独裁時代の朴正熙政権と自民党政権の長期にわたる蜜月関係が復活する可能性が予想されたのである。

筆者は両政権の登場直後、東アジアに二つの相反する流れが現れると予想した。一つは領土問題と歴史認識をめぐって南北朝鮮と中国の連携が強まり、日本の孤立が深まるという流れであり、もう一つは安全保障をめぐって中国・北朝鮮に対し日韓の連携が強まる流れである。すなわち、歴史認識においては対立、外交安保においては協力という相矛盾する流れである。そして安倍政権と朴槿恵政権が選択できるシナリオとして、次の二つを想定した。①安全保障分野で相手国の協力を引き出すために歴史問題では戦術的に自粛する、②歴史問題でも安全保障分野でも一歩も引かない。[7] 安倍は結局②を選択した。よって協力の可能性を対立が圧倒するようになったのである。朴槿恵は①を望んだが、安倍が②を選択したためそれを放棄するほかなかった。

米国の期待に応えて集団的自衛権を確保し、アジアで軍事的地位を高めようとする安倍政権にとって、韓国の協力は極めて重要である。よってその躓きの石となりうる軋轢は避けたいものであったろう。

実際、歴史的にみても、朝鮮半島は日本の安全保障にとってひじょうに重要な意味を持つ。「新しい歴史教科書をつくる会」が編んだ中学校歴史教科書（二〇〇二年）の検定申請本（いわゆる「白表紙本」）には、「朝鮮半島は日本に絶えず突きつけられている凶器」という表現がある。[8]「凶器」という言葉は過度に刺激的であるとの検定意見を受け、「凶器」は「一本の腕」という表現に変わった。過去には日本の「脇腹に突き付けられた短刀」というより刺激的な表現があったことを考えれば、やや緩和されたといえる。だが「短刀」が「凶器」となり、「腕」になったとはいえ、隣人を表すのにあまり適切な言葉ではないことにかわりない。まして中学生の使う教科書に憎悪を煽るような表現はそぐわないように思われる。だが同時に、この刺激的で敵対的な言葉が、日本社会の朝鮮半島に対する本心を表しているとも解釈できる。つまり、朝鮮半島が日本の運命にとって極めて重要だという現実認識である。

もちろん、だからといって「つくる会」ら右派は、朝鮮半島が主体的に日本に対して「凶器」のような行為をしたと主張しているのではない。そうではなく、朝鮮半島が中国やロシアの勢力のもとに置かれれば、日本にとって「凶器」となりうるといっているのである。つまり朝鮮半島は日本列島の対等な敵にすらなり得ず、ただ周辺地域の論理によって位置づけが変わる極めて従属的な地域としての「凶器」なのである。

ならば逆の質問をしてみよう。日本は朝鮮半島にとって何であるのか。前近代は論外としても、少なくとも一九世紀以降の日本は朝鮮半島にとって「凶器」であった。「腕」という表現ではおとなしすぎるほど、具体的な事実として「凶器」であった。それは日本の主体的な選択でもあった。また日本が朝鮮半島を苦しめた「凶器」をおさめたのは自らの選択でもなかった。外部の圧力によりおさめたのである。そして日本の戦後が始まった。平和と民主主義と高度成長の戦後だった。だとすれば、主体的に日本への「凶器」となったことがない朝鮮半島を、主体的に朝鮮半島への「凶器」となった日本が、二一世紀になっても依然として「凶器」だと表現している現実をどう説明すればよいのか。

「凶器論」は、基本的に朝鮮半島を日本の安全保障にとっての「生命線」とみなす。日本にとって少しでも対立的な勢力下に置かれれば、日本列島を脅かす「凶器」になりうると見ているからだ。よって朝鮮半島は直接支配するか、最低限でも日本に友好的な勢力のもとに置かなければならない。前者が日本の植民地支配だったとすれば、後者は日米同盟と韓米同盟に立脚した間接的な韓日同盟関係だ。よって少しでも米国と日本の勢力下から抜け出ようとする動きが朝鮮半島にあれば、すぐさま「凶器」になったとみなされることになる。

朴正熙から全斗煥にいたる独裁政権は、日本にとってひじょうに友好的な勢力であった。なぜなら、植民地支配責任を日本に問わないのみならず、それを求める国内の声を力で抑え込み、さらには日本列島を共産主義から守る役割も忠実に遂行したからである。ところが韓国が民主化すると、こうした構図に変化が現れた。[9] 特に金大中政権以降、韓国が北朝鮮に「太陽政策」を採り、反共戦闘基地としての役割が薄まると、軍事的リスクが一部日本に向くようになった。また一九九〇年代になると、「従軍慰安婦」をはじめとする植民地被害者の声が噴出し、過去を問い直そうとするさまざまな団体が生まれた。軍事独裁政権のもと抑えつけられてきた歴史問題が、被害者を中心に表出したのである。

朴槿恵は父親の朴正熙の政治理念を継承しており、朴正熙の「維新体制」から自由ではない。しかし、だからといって民主化の進んだ韓国社会を父親の時代に完全に戻すわけにはいかない。朴槿恵が父親のように韓米日三角同盟を強化するため歴史問題を力で封じこめたり、無視することができない理由がここにある。

安倍政権はどうだろうか。安倍首相は四月の春季例大祭、終戦記念日の八月一五日、そして一〇月の秋季例大祭の靖国参拝を避けた。これは韓国の協力を引き出すための安倍なりの「配慮」だったかもしれない。実際に共同通信の報道（二〇一三年一二月二九日付）によれば、安倍は「（自身が）靖国参拝をこうして自粛しているにもかかわらず、韓国と中国は対話を拒否している」と不満を吐露し参拝に踏み切らざるをえなかったとしている。

北朝鮮との対決姿勢を鮮明にしている朴槿恵政権にとっても、日本との協力関係は極めて重要なため、両国が手を携える可能性は他のどの政権よりも高かったとみることができる。それなのになぜ関係は悪化の一途を辿ったのか。

まず、朴槿恵政権は領土や歴史認識の問題について、現状維持の姿勢をとり続けるしかなかった。歴史問題を解決するため前進すれば日本との軋轢が増すし、安保面で日本との協力を強化するため歴史問題において後退すれば、国内の反発を招き支持率が低下するからだ。特に領土・歴史認識問題で世論が悪化すると、安保における韓日協力の動きに蹉跌をきたす可能性が高く、これは韓日間の共助を望む米国の意向に反する結果を招くことになる。よって歴史問題で先制的／攻勢的対応を抑え、ただ歴史問題を安保問題と切り離すという原則を固守するほかなかった。そして安倍の自粛を期待するか、日本の暴走を防ぐ米国の役割にすがるほかなかった。対日関係で原則論をくり返す「静態的外交」が予想された理由である。こうした点からみると、朴槿恵政権の対日政策における選択肢は極めて限定的だった。

韓国側が従来の姿勢に甘んじていたのに、安倍政権はなぜ韓国と中国の反発を買うような発言をくり返すのか。もちろん世論の動きに敏感な議院内閣制の性質上、支持率の動向は安倍政権にとって極めて重要である。加えて安倍は「経済の再生」（アベノミクス）とともに領土の守護と憲法改正、靖国参拝を公約に掲げて政権の座に就いたのであるから、大衆の人気を得やすい領土問題を手放すわけにいかなかった。

安倍にとって最も重要な目標は、アジアにおける軍事的役割を拡大することである。いわゆる「集団的自衛権」の確保だ。これは米国が直接的に要求していることでもある。「集団的自衛権」を確保するためには、日本国憲法に抵触しないことを国民に証明する必要がある。依然として国内世論は憲法改正に反対する声が高いため、外からの脅威を強調することが最も効果的である。中国脅威論と韓国の反日論を強調するほど、国民の危機意識は高まり、中間層は賛成にまわると期待できる。歴史認識問題はこうした危機感をあおるのに極めて効果的な道具である。だが韓国との軋轢が増すほど、安全保障上の協力は困難になる。歴史認識問題は安倍政権にとって、両刃の剣なのである。安倍は、まず国内世論の支持を優先して韓国の反発を無視し、改憲の地ならしをすることを目標に据えたのだった。実際、消費税率引き上げを決め特定秘密保護法が成立した二〇一三年以後、急激に下落していた安倍の支持率は、靖国参拝以降再び上昇に向かった。

3　「六五年体制」と「九五年体制」

しかし朴槿恵政権と安倍政権の不和を、近年の安倍の右傾化のせいだけとみることはできない。韓国と日本の関係には、当然ながら世界の情勢も大きく影響を及ぼしており、その柱となる二つの政治体制を考察しなければならないからである。一つは「六五年体制」、もう一つは「九五年体制」である。

「六五年体制」とは、日本（佐藤栄作政権）と韓国（朴正熙政権）が調印した韓日基本条約や四つの協定にもとづいた、現在の韓日関係の出発点となる体制を指す。第一には米国を頂点とする垂直的系列化を基盤とする韓米日擬似三角同盟体制（日米同盟と韓米同盟）である。日本と韓国は軍事同盟関係ではなく、米国を媒介とした間接的な同盟関係である。この同盟体制により、ソ連・中国・北朝鮮を牽制する。第二にはこの同盟体制を維持し、その安定性を高めるため歴史問題の噴出を物理的暴力で抑圧するか、コントロール可能な領域におく。制度的には一九六五年の韓日協定にその起源を持ち、「韓国併合に関する条約」（一九一〇年）を「もはや」無効と表現して条約の合法性論争への評価をあいまいなものにしたうえで、請求権問題を「解決」したとし、大韓民国を朝鮮半島における唯一の合法政府と認めるとの内容となっている。歴史認識よりも安全保障を優先した体制といえる。朴正熙政権と自民党との蜜月関係を支えた六五年体制は、冷戦が終結した一九八〇年代後半までつづいた。

ところが、一九八〇年代後半の冷戦の終結と韓国の民主化（特に金大中の登場）は、六五年体制に決定的な転機をもたらした。一つは六五年体制の前提条件であった南北間の対立構造が崩れて韓国と中国・ソ連の対話が進んだため、ソ連・中国・北朝鮮を仮想敵とする韓米日の同盟も変化を迫られたことである。特に日本の立場からみると、六五年体制下で韓国が担った軍事的リスクが日本に一部回帰したため、米国と韓国に依存した既存の安保政策を変更する必要が生じた。一九九〇年代以降の自衛隊の活動範囲の拡大、日米同盟の強化、そして憲法改正の動きは、日韓関係に限ればこれらを背景にしていた。

もう一つは民主化が進んで、軍事独裁政権が抑圧し封じ込めていた歴史認識問題が噴出したことである。一九九〇年代以降、慰安婦問題をはじめ歴史にかかわる問題が堰を切ったように溢れでたのは、逆にいえばそれまでの政権が韓米日共助体制を維持するために抑圧してきた証しといえる。安保を活かし歴史を殺し両者の相克を解消して安保と歴史の相互補完関係を作り出した六五年体制が、これ以上作動しえなくなったのだ。いわば六五年体制の危機である。

こうして新たに「九五年体制」が登場する。九五年体制とは、慰安婦問題における国家の関与を認めて「おわび」をした河野談話（一九九三年）と、植民地支配と侵略に対して「おわび」した村山談話（一九九五年）のような、一連の「謝罪外交」で生まれた両国の関係をいう。以後、紆余曲折はあったが韓日の歴史認識はこの九五年体制にもとづくことになる。例えば、一九九八年一〇月の金大中大統領と小渕恵三総理が共同で発表した「日韓共同宣言——二一世紀に向けた新たな日韓パートナーシップ」は、九五年体制の代表的成果といえる。また、二〇一〇年八月に発表された菅直人総理の談話も河野談話と村山談話の延長線上にあった。このように九五年体制は、九〇年代以降の韓国政府と日本政府が公的に共有した歴史認識を支えたとみることができる。

植民地支配責任論は、一九九〇年代のはじめ元「慰安婦」金学順の苦悩に満ちた告発を契機に登場した。この告発により、日本の「戦後」と彼女たち植民地被害者らの犠牲が不可分の関係にあったことが明らかになった。これを受けて日本は「戦後」をみずから見直すかあるいは否定すべきであったが、日本はむしろ六五年体制を補完し、延命する道を選んだ。すなわち、「おわび」はするが、国家責任も賠償も認めなかったのである。中野敏男らが指摘するように、慰安婦問題を解決するために設置された「国民基金」構想は、日本の「戦後」に構築された日韓関係などの国家間秩序を不動のものとして想定し、その秩序を脅かさない範囲に植民地被害（者）を留めておこうとするものであった。こうした意味で「戦後」の延命にすぎなかった[10]。こうした「おわび」を通した「縫合」方式は慰安婦問題や植民地支配問題にのみ見いだせるわけではない。例えば、水俣病の政治的解決（一九九五年）、成田空港問題（一九九五年）、アイヌ文化振興法制定（一九九七年）など、一連の過去の清算も、同じである。被害者に「おわび」はするが、国家責任や国家賠償は認めないのである。つまり、歴史的・法的責任を道義的責任と切り離し、被害者の分断を図り被害者の一部を「戦後」の枠組みに包摂して「戦後」を延命させようとしたのである[11]。

和田春樹は河野談話と村山談話を、戦後五〇年をかけて「確立した共通の歴史認識」だとし、「隣国の理解と支持の下に諸国民の和解と協力を引き出した公共財」であると高く評価する。[12] 和田春樹の言うとおり村山談話などが「隣国の理解と支持」を受けているのかは疑問の余地があるが、六五年体制が無視した植民地支配と慰安婦問題について、国家元首が公式におわびの「気持ちを表明した」という点で、評価できる面もある。ここから九五年体制は、歴史認識において六五年体制をより発展させたものと見ることもできるだろう。だが重要なことは、九五年体制は六五年体制の補完物であって代替物ではないということである。「おわび」外交と「国民基金」方式からなる九五年体制は国家責任と国家賠償を否定し、「おわび」という形に言いかえて、「縫合」を通して「戦後」が生み出した矛盾を体制内へと吸収し、六五年体制を延命させる試みであった。この頃から植民地支配の責任問題は、六五年体制を根本的に問い直すのではなく、「おわび」の内容やその表現を争点とし、矮小化された。

また、九五年体制にかんしても、韓日間の視点には根本的な差異がある。韓国の少なくない人々は九五年体制を、六五年体制の矛盾を解決するための通過点にすぎないと考えている。なぜなら六五年体制の根幹をなす韓日基本条約は反共独裁政権のもとで結ばれたため、そもそも正統性に疑問があるからである。国際法上の根拠はともかく、韓日基本条約無効論や否定論が登場するのはこのためだ。これに対し日本では、日韓基本条約で歴史問題はすべて解決済みという姿勢が支配的だ。さらに首相が「おわびの気持ち」まで表明したのだから、歴史問題は法的にも倫理的にも完全に解決されたとみる。このように歴史認識問題は、両国における帝国主義と植民地支配の解釈の問題であると同時に、六五年体制と九五年体制の解釈の問題でもある。これは両国が経験した歴史の相違によるところが大きい。日本は基本的に明治維新以後の秩序をずっと連続するものと理解し、その変更の可能性を公的には受け入れようとしない。これに対し韓国は、民主化運動の経験があるため、「歴史の正義」という次元で植民地時代や独裁政権下にできた制度や条約を否定したり修正することは可能と解釈する。いわば歴史の連続性に対して根本的な懐疑があるのだ。

4　残された問題

これからの韓日関係はどうなるだろうか。もはや「六五年体制」の完全な復活は不可能だ。だからといって現在の日本の安倍政権に、歴史問題を根本的に解決する意志があるようにもみえない。やはり両政権が最も選択しやすいのは、安保のために歴史問題に「九五年体制」のレベルで「蓋をし」(「縫合」)、「六五年体制」の延命を図る道であろう。特に両政権の理念的性格と国際情勢の推移、そして米国の要求を勘案すれば、過去の政権が推進した軍事交流のような安保協力を加速化させるため、歴史をめぐる対立を九五年体制のレベルで「縫合」する可能性が高いようにみえる。つまり、河野談話と村山談話の継承を消極的にではあれ安倍政権が宣言し、これを朴槿恵政権が受容することで両国の関係正常化を図る可能性が高い。歴史を安保から分離することで、安保協力の基盤を確保する道だ。日本政府が「河野談話と村山談話は継承しよう。だが憲法改正はするだろう。集団的自衛権も確保しよう。韓日軍事交流も推進しよう」といい、韓国政府が「日本は河野談話を継承する意志を表明した。経済問題もあり安保問題もあるため、未来のために日本との関係をより緊密にしよう」と応じるわけだ。九五年体制のもと、日本の右傾化は、こうした歴史と安全保障の分離によって進んだといってよいだろう。

しかし、歴史と安保は分離可能な問題ではない。なぜなら韓日関係は基本的に安保を活かすために歴史を殺すことで成立したからである。よって日本に対し歴史問題の根本的な解決を求める態度は、二つの次元で重要である。一つは一九世紀以来に形成された帝国主義的な国際秩序に対する根本的な問題提起の性格を持つという点だ。独島や「東海」表記をめぐる韓日間の対立は一方では両国のナショナリズムの衝突という性格もあるが、同時に帝国主義時代に日本主導で作り出された国際秩序への異議申立てとしての性格も持っている。第二は、歴史問題に対する問題提起が「六五年体制」のもとで作り出され、「九五年体制」で延命した韓米日擬似三角同盟体制を実質的な同盟体制へと転換しようとする最近の動きにブレーキをかけることができる実践的な意味を持つという点だ。これはもちろん韓日間の安保協力を防ぐため、歴史を人質にとろうという意味ではない。むしろ安保を人質として歴史を殺してきた「六五年体制」とその延命を図る「九五年体制」の限界を越えるためなのである。

付記

本章は朴槿恵政権と安倍政権の不和が頂点に達した二〇一三年一二月に執筆したものである。両政権は「安保協力」のため歴史問題を「九五年体制」の水準で縫合し、「六五年体制」の延命を図るだろうと予想したとおり、二〇一五年一二月二八日に日韓外相の「共同合意」を通して歴史認識における最大の争点であった慰安婦問題を再び「縫合」した。今後、韓日間の軍事協力を強化する動きが本格化するであろう。だが一九九五年の「国民基金」構想がそうであったように、被害者たちや韓日の市民たちはこの「共同合意」を受け容れずにこれを無効化しようとする動きを加速化させている。

注

（1）『毎日新聞』二〇一三年一〇月一九日。

（2）シンガポール外務省サイトより（http://www.mfa.gov.sg/content/mfa/media_centre/press_room/pr/2013/201312/press_20131229.html）。

（3）『京郷新聞』二〇一三年一二月二九日。

（4）『朝日新聞』二〇一三年一二月二六日。

（5）『ハンギョレ』二〇一五年三月一日。

（6）『朝日新聞』二〇一四年一月三一日。

（7）以上は권혁태「박근혜에게 '우파공존' 손짓하나」『르몽드 디플로마티크』第五二号、二〇一三年一月一二日と二〇一三年二月二日、韓国と日本の市民団体関係者が共同で参加した韓日戦略会議で筆者が配布

した発表文による。

（8）新しい歴史教科書をつくる会『中学　社会　歴史』（検定申請本）、二〇〇二年、二一八頁。

（9）以上については권혁태「머리말」『일본의 불안을 읽는다』교양인、二〇一一年。

（10）詳細については、金富子・中野敏男編『歴史と責任――「慰安婦」問題と一九九〇年代』青弓社、二〇〇八年を参照されたい。

（11）九〇年代中盤の「おわび外交」については、권혁태『일본 전후의 붕괴――서브컬쳐 소비사회 그리고 세대』제이앤씨、二〇一三年を参照。

（12）和田春樹「安倍首相にとっての歴史認識問題」『世界』岩波書店、二〇一三年九月。

第二章　捨象の思想化という方法

丸山眞男と朝鮮

はじめに

こうして権力が一方で高壁を築いて異端を封じ込め、他方で境界に近い領域の住人を内側に「徐々に」移動させ、壁との距離を遠ざけるほど、二つの世界のコミュニケーションの可能性は遮断される。そうなれば、壁の外の側における出来事は、こちら側の世界にはほとんど衝撃として伝わらない。異端者はたとえ、文字通り強制収容所に集中されなくとも、「自ずから」社会の片隅に身をすりよせて凝集するようになり、それによってまた彼等の全体的な世界像だけでなく、日常的な生活様式や感受性に至るまで、大多数の国民とのひらきがますます大きくなり、孤立化が促進される。ナチ化とは直接的な「暴圧」の拡大というよりは、こうしたサイ

クルの拡大にほかならなかった。(1)

丸山眞男が一九六一年に発表したエッセイ、「現代における人間と政治」の一節である。このエッセイは、一九六〇年代の日本社会に吹き始めた反動化の風に危機感を抱いた丸山が、ナチ体制とファシズムの成立過程を精神史的に分析したものであるため、本章の主題とは直接の関係はない。だが、ここでいう「壁」を、丸山本人の意図を越えて、日本社会が植民地化／脱植民地化する過程で積み上げた「境界」と言い換えるならば、日本社会の大多数の国民もまた「壁の内側」に位置するがゆえに、この社会には朝鮮という他者がほとんど「衝撃として伝わらな」かったといえるのではないか。ナチ治下の「ユダヤ人＝異端者＝他者」に注目したこのような想像力が、なぜ日本ファシズム形成と解体の分析ではあらわれないのかと思うほど、このエッセイは丸山の著作のなかでは極めて例外的である。だとすれば主題は明確となる。日本を代表する「近代主義者」「民主主義者」丸山眞男にあって「異端者＝朝鮮」がなぜ登場しないのかを、その生涯と思想を通して分析することである。本章では、戦後日本を代表する知識人の生涯を朝鮮問題と関連づけ、帝国日本の形成と解体の論理構成から、植民地／民族問題がいかにして捨象されたかを考察したい。

一九九六年の死後、丸山眞男についての研究は「丸山現象」と呼べるほどのブームを巻き起こした。全国紙は彼の死を悼む社説と記事を競って載せ、関連書籍もせきを切ったように巷に溢れかえった。著作集のみならず丸山の参加した座談会も本として編まれ、講義録はもちろん私的な日記やメモなどの記録も相次いで出版された。[2] ついには丸山を回想し、記録を収集して出版する「丸山眞男手帖の会」という市民団体が誕生するほどだった。

生前には「丸山政治学」という言葉が生まれ、「日本政治学の父」とも呼ばれるほど日本の学問と知性に絶対的な影響力を及ぼした丸山であったが、彼についての研究はむしろその死後にいっそう本格化し、数多くの研究書が出版された。[3] 政治学者の三谷太一郎の言葉を借りれば、出版を主導したのは一九五〇~七〇年代に学生として丸山から絶対的な知的影響力を被った「丸山体験によってつくられた丸山世代」[4]であった。生前には丸山にほとんど注目しなかった韓国でも、死後に主要著作のほとんどが翻訳出版され、少なくない研究論文が発表された。[5]

しかし、丸山と朝鮮の関連について本格的に扱った研究はいまのところ見当らない。南基正の研究[6]は、「平和問題談話会」に集った知識人たちの朝鮮認識を扱うなかで丸山眞男にも言及しているものの、丸山の朝鮮に対する認識を系統的に追跡したものとは言いがたい。中野敏男らは丸山の「国民主義」を批判するなかで、丸山の政治思想における植民地＝朝鮮の不在に言及しているが、これも丸山と朝鮮の関連を主題としたものではない。[7] 本章では丸山と朝鮮の直接・間接的な関連について明らかにし、丸山がなぜ朝鮮を捨象し、あるいは後景化させたのかについて、そのナショナリズム論やファシズム論と関連させて分析する。言わば「朝鮮を語らないことを通して朝鮮を語った丸山」を分析することが、本章の主題である。

1　丸山と朝鮮の接点、そして朝鮮「体験」の後景化

丸山眞男の思想を朝鮮と直接関連づけることは事実上不可能である。丸山が残した厖大な研究と記録のどこにも、独立した主題として朝鮮を扱った文章は存在しないからである。しかし、朝鮮について語っていないからといって、朝鮮に対する丸山の思考を分析することが不可能なわけではない。沈黙や黙殺こそ、何よりも重要な政治的表現だからだ。ただし、「朝鮮を語らないことを通して朝鮮を語った丸山」という本章の課題設定は、歴史的リアリティを無視し結果的あるいは事後的な知識と思考をもって過去の思想家を倫理的に断罪することを目的としたものではない。何が丸山の目を朝鮮から背けさせたのか、あるいは朝鮮は丸山の思考体系のなかでいかなる位置にあったのかが重要なのである。時代拘束性という点で、個人の思想体系がその生きた時代と無関係ではありえないとするならば、思想家個人を取り囲む直接・間接の体験がその思想の前提をなすことは想像に難くない。丸山に関する多くの研究が彼の生きた戦時体制と戦後期を、なかでも軍隊体験をその思想的軌跡と結びつけるのはこのためだ。

もちろん、丸山の専門は日本政治思想であり、その生涯も朝鮮と直接的な関連があるとはいえないため、丸山における朝鮮「不在」は異常なことではない。しかし、一九一四年に生まれ一九九六年に亡くなるまでの八〇年以上に及ぶその生涯は、「帝国日本」の形成、崩壊、再建の時期とほぼ

重なっている。日本の歴史がアイヌ、沖縄、台湾、朝鮮、「満洲」、東南アジアへと拡大する植民地帝国の歴史であったことを考えれば、帝国の全盛期と崩壊後にあらわれる戦後日本社会の「再建」過程をみる丸山の視野から、植民地問題がまるごと抜け落ちているのは極めて不自然であるともいえる。

丸山は政治を「複雑な楽器編成をもった人間社会をコンダクトして行く技術」と理解し、「それに関連する科学的知識の体系」を政治学であるとして、政治学者をオーケストラの指揮者[8]にたとえた。仮に丸山をオーケストラの指揮者とみるなら、「主要楽器＝植民地」は帝国日本というオーケストラでいかなる和音、あるいは不協和音を生み出すのか、そして植民地という楽器を欠いた戦後日本にいかなる影響を及ぼしたのかを分析することは、彼の政治思想にとっても極めて重要であるはずだ。しかも帝国日本と戦後日本を分析するために丸山が動員する分野は政治学にとどまらず、音楽、映画、演劇、文学、歴史などあらゆる領域にわたった。丸山はJ・S・ミルの言葉を引用して教養人を「あらゆることについて何事かを知っており、何事かについてあらゆることを知っている人[9]」と規定する。しかし、植民地問題に限ってみれば、丸山は「あらゆることを知っている」が、「植民地については知らないか、目を背けた教養人」であった。

個人の体験という面からみると、丸山は明らかに朝鮮を意識しうる位置に立っていた。丸山の前半生では日本帝国主義の支配下に朝鮮は置かれており、その後も多くの在日朝鮮人が日本に暮らしていたという一般的な意味からではない。丸山の朝鮮「体験」はもう少し直接的だ。丸山が父親、関東大震災、留置場、軍隊生活を通じて朝鮮を体験していたことが、断片的記録からうかがえる。まず、彼の父・丸山幹治（一八八〇～一九五五）と朝鮮の関わり、そしてこれについての丸山自身の回想をみてみよう。丸山は一九七九年の対談で父親との関係を次のように述べる。

私は翌年三月の連合通信（今の共同通信の前身）の試験でも受けようと、実はそう思っていたんです。何故かというと、あの連合通信というのは、国際報道を取り扱っているので、外国へ行けると思ったわけです。[…]私のおやじ（丸山幹治）は新聞記者なんですけれど、「もう新聞記者は一代でたくさんだから、新聞記者にだけはなってくれるな」と言うんです。一般論としては、「まあ好きなことをやれ」とは言いましたけれど。[…]私のおやじというのは、八つも新聞社を変わっているんです。今では考えられません。日本資本主義というのは、昔の方がモビリティがあって、「企業一家」で終身雇用制になったのは、ずっと後なんです。まあしかし、そのころでも新聞社を八つも変わるとなると、その度ごとに苦労するわけです。[…]にもかかわらず、私は連合通信にでも入ろうと思っていたんです。[10]

この引用を含め、父親についての丸山の回想にはいくつかの共通するエピソードがある。第一は海外を渡り歩く言論人としての父親の生活をみて自らも記者の夢を抱いたこと、第二は父親が八社もの新聞社を転々とした自由主義的な言論人であったことである。[11]だが父・幹治は、厳然たる植民者でもあった。年譜によれば、幹治は朝鮮総督府機関紙『京城日報』に一九〇七年三月から一九〇九年四月まで編集局長として、一九二五年から一九二八年一一月までは主筆として在籍したとある。[12]朝鮮には五年以上も滞在した。最初に朝鮮で暮らしたのは丸山の出生以前であったが、二度目は丸山の一一歳から一三歳までにあたる。小学校高学年から中学校の初期に該当する。だとすれば大学時代に抱いた記者への「夢」や、八社の新聞社を転々とした父親の「自由主義」言論人としての経歴は植民地朝鮮と分離することはできないのではないか。丸山の父親は朝鮮を日本のアイルランド問題であると、しばしば息子に語ったという。[13]これらに照らせば、帝国日本の空間において植民地朝鮮が占めた位置について、丸山はすでに父親を通して認識しえたものと思われる。しかし、父親が『京城日報』でいかなる役割を果たし、そうした役割が自らの思想にいかなる影響を及ぼしたかについての言及はほとんど見られない。[14]父の「移職」が植民地帝国日本の空間範囲のなかで行われ、よって丸山の記者への「夢」もその空間範囲を前提としていたことについての自覚を探し出せないのである。丸山の回想する『京城日報』は朝鮮総督府機関紙ではなく、父が経験した多くの言論機関の一つに過ぎない。丸山にとって父親は植民者としてではなく、「自由主義」言論人としてしか記憶されないのである。

もう一つの体験は関東大震災である。九歳の小学生のときに目撃した関東大震災を、丸山は「戦争体験よりもむしろ強烈[15]」な経験だったと語っている。当時丸山が書いた「恐るべき大震災大火災の思出」という文章には、小学生が書いたとは信じ難いほど朝鮮人虐殺の記録が生々しく綴られている。[16] この経験は、その後の丸山によっていかに記憶されていくのだろうか？　関東大震災についての丸山の記憶がいかに変わっていったのか見てみよう。

【一九二三年】お父さんは、こんぼうをもって、ガラン〳〵と通りをけいかいしてゐる。それは、朝せん人が、悪い事をするからである。

毎夜〳〵、近所の人と、かはりばんこに夜、あやしい者が見へたら誰何するのである。

［…］

震火災の後、朝せん人が、爆弾を投げると言ふことが、大分八釜しかった。それであるから、多くの、せん人を防ぐのには、警察ばかりではどうしても防ぎきれない。それから自警団と言ふものが出来たのである。だが、今度の自警団はその役目をはたして居るのではなく、朝せん人なら誰でも来い。皆、打ころしてやると言ふ気だからいけない。

朝せん人が、皆悪人ではない。その中、よいせん人がたくさん居る。それで、今度は朝せん人が、二百余名は打殺されてゐる。その中悪いせん人は、ほんのわづかである。それで警察の方ではなおいそがしくなる。それであるから今度の自警団は、暴行を加へたことになる。しらべて見ると、中には、せん人をやたらに、打殺したので、警官が、しばらうとすると、それに、うつてかかつて、さん〴〵なぐつた末、警察にまでおしこんで行くやうならんぼう者もある。このやうにするのなら、あつてもなくても同ぢである。かへつてない方がよいかもしれない。こんなことなら自警団をなくならせた方がよい。

自警団とは前にも申した通り、警察ばかりでは防げないから、そこで自警団と言ふ物を作つたのであつて、決して、朝せん人を殺すやくめとはまつたくちがふ。


【一九四七年】震災直後に、方々の警察署や連隊で社会主義者や朝鮮人の虐殺とかリンチがあったでしょう。亀戸署や巣鴨署でのリンチのことを、吉野作造先生が「後世のために」というので記録に残していますが、それを見ると、「主義者」でも何でもないものが、ただ組合運動をやったというだけで、目をそむけるような拷問にあっています。それからしばらくして例の甘粕大尉事件です。[17]

【一九六六年】あのころは私は全く子供で、満九歳でしたが、それでもあの甘粕大尉事件のショックは忘れられませんね。

それから震災のすぐあと自警団が組織され、その連中が篝火をたいて徹夜で警戒しながらいろいろだべっている。それを側できいて「主義者」という言葉がでてきたのをよくおぼえています。[18]

この三つの引用文から、丸山の記憶が時間を経ていかに変わったかがわかる。一九二三年、丸山

1945年の丸山眞男（左。『丸山眞男集』第二巻，岩波書店，1996年）

は朝鮮人虐殺について書いている。一九四七年には吉野作造の記録に言及しながら、朝鮮人と社会主義者への虐殺として回想する。ところが、三番目の引用文からわかるように、一九六六年には「主義者」への虐殺としてのみ語っている。しかもこの引用文は、哲学者の古在由重（一九〇一〜一九九〇）が、現実の国家がどれほど暴力的でありうるのかを、震災当時の朝鮮人大量虐殺、大杉栄事件、亀戸事件を通した自身の体験を絡めて語ったことへの返答なのだ。丸山の関東大震災の記憶が、朝鮮人と社会主義者への虐殺から社会主義者への虐殺へと収斂していったとみることができる。(19)

最後の朝鮮体験は軍隊生活である。朝鮮に関する唯一の直接的体験だ。「無責任の体系」や「抑圧の委譲」といった重要な理論を、丸山が軍隊体験を通じて理論化・思想化したことはよく知られている。「年譜」によれば、丸山は一九四四年七月に松本所在の歩兵第五〇連隊に補充兵として入隊した後、歩兵第七七連隊へ転属し朝鮮・平壌にて同年九月まで軍生活を過ごすも、脚気により平壌第二陸軍病院に入院し、治療をうけた後に日本へと送還されて同年一〇月に召集解除となる。そして翌年四月に再召集されて広島の参謀部情報班に配属され、敵潜水艦などの船舶情報と国際情勢に関する収集・整理を担当していたところ、一九四五年八月六日、広島の原爆を経験し九月に召集解除となった。[20] 約九か月の軍隊生活のうち、朝鮮で生活したのは三か月ほどであったが、この経験は丸山に極めて重要な思想的資源を提供した。

平壌生活に関するはじめての言及は、一九四九年に行われた軍隊に関するある座談会で見られる。丸山は軍隊内での私的制裁を分類・分析しながらも、「ぼくの最初入ったのは朝鮮の平壌の部隊[21]」だと語るに留まり、他には語っていない。しかし一九五八年に広島の軍生活を回想した際、「朝鮮の時代に比べたら肉体的には実に楽だった[22]」と証言していることから、丸山の思想的基盤となった過酷な軍隊体験のほとんどが平壌でのものだったことが推測できる。より具体的な話は、一九八八年から一九九四年までのインタビュー記録を基にして刊行された『丸山眞男回顧談』で知ることができる。植手通有から「軍隊では朝鮮人の差別はなかったですか」と質問され、丸山は次のように答える。

ないですね。朝鮮人の上官にもよくぶん殴られた。その点では軍隊というところはすごい。階級だけなんです。平壌では、朝鮮人の兵隊には、慰問団がひっきりなしに来て、踊りをみせたり、にぎやかなんだな。初年兵は外出できないから、よく家族面会が来るんです。そのたびに、おすそ分けに与かりました。見たところは、家族も兵隊も、皇国万歳という感じなんですね。平等になって喜んでいる感じ。それこそ皇民化政策で、だから罪が深いともいえます。[23]

父・幹治の朝鮮経験を「職場異動」の経験としてのみ回想しているように、自らの平壌での体験も軍隊生活一般に埋没させていることがわかる。もちろん「朝鮮人の上官」から受けた暴力が、丸山によって加工された記憶であると言いたいわけではない。問題は、丸山が朝鮮人上官から受けた暴力を、「階級」という軍隊の一般的な属性に閉じ込めようとしているところにある。軍隊という階級社会組織に、植民者－被植民者という構図がどのように複雑に絡み合っているのかを省察しようとする感受性が丸山には無かったのである。具体的なエピソードが登場するのは、植民者であるフランス白人医師に「復讐」する被植民地者のシリア人を描いたアンドレ・カイヤット監督の映画「眼には眼を」（Œil pour œil, フランス、一九五七）を観てからだ。丸山はこの映画を通じて平壌の経験を思い起こす。

朝鮮の平壌に兵隊で行ったときに、行軍の前を荷車を引っぱっている朝鮮人が横切る。指揮官がこらッ！と大喝すると、ヘイヘイと卑屈に頭をさげて、あわてて牛をひっぱって列をよける。

やりすごしながら朝鮮人がこっちをじろっと見た。そのときの眼がとても印象的でやりきれなかった。それをあの映画を見て思い出した。[24]

丸山の軍隊に関する回想で唯一登場する植民者と被植民者の構図である。「ヘイヘイと卑屈に頭をさげて」「列をよけ」「やりすごしながら」「こっちをじろっと見」る朝鮮人と、「こらッ！と大喝する」日本人指揮官、そしてこれを眺めながら「やりきれなかった」丸山の植民地体験。この原風景は、極めて重要な論点を提供してくれるが、それ以上進展することはない。軍隊の体験のなかに平壌の体験を無機質に溶け込ませてしまったためである。丸山にとって平壌の体験とは軍隊の体験であり、植民地体験ではなかった。なぜこのようなことになるのか？

丸山はファシズム批判を思想化するため、軍隊システムのなかにあったはずの植民地／民族問題を捨象したと考えられる。一九四四年当時、丸山はこの問題を認識できなかったのかもしれない。しかし、その後二〇年経っても認識できなかったということは、丸山のなかに朝鮮／民族問題／植民地などをみる思考が生まれるのを拒否する心性があったことをうかがわせ、それこそが問題となる。丸山は一九四四年に「國民主義の「前期的」形成」という論文で日本について「我国の様に昔から民族的純粋性を保ちいわゆる民族問題を持たなかった国[25]」と規定している。これに対し中野敏男は次のように指摘する。

「アイヌ」や「沖縄」などの問題についてはここでは仮に問わないとしても、関東大震災の記憶や父丸山幹治が『京城日報』に単身赴任していた経験などを持つ丸山が、また、東京帝国大学の同僚として植民政策学の矢内原忠雄などの去就にも関心をもたざるをえなかったはずの丸山が、民族の問題を現に抱えている日本帝国の現実に気づいていないというのは到底信じることができない(26)。

すなわち、丸山の「単一民族説」と植民地–朝鮮問題の無視は、戦後社会のなかで培養されたのではないことになる。入隊前から抱いていた思考が平壌の軍生活から戦後へと引き継がれ、晩年の『回顧談』に帰結したというわけだ。民族問題と朝鮮問題の無視は、他の記録でもときおり見いだせる。

一九六六年の座談会で、哲学者古在由重が警察署の留置場で残酷な拷問を受けた朝鮮人を目撃した話を聞かせても、丸山は「朝鮮の人も治安維持法ですか(27)」と答えるだけである。また一九五〇年の座談会で、中国を研究する竹内好が「[朝鮮は–引用者]あれだけ日本にやられていて、しかも、なおかつ民族独立運動が盛んであるということは、よほど大きいエネルギーを持っている民族ではないかという気がするのですが」と発言しても、丸山は朝鮮には触れず「それが、アジアの場合すべての前提でしょうね。東南アジアなどの民族運動でも、ある程度そういうことは言えると思うけれども、やはりそこには数百年にわたる帝国主義への隷属からアジアが解放されようとしている巨大な世界史的な転換を認識する必要があると思います[28]」と語る。朝鮮人が受けた酷い拷問すら、丸山は日本人もまた適用される治安維持法という民族的区分のない無機質な制度へ回収する。また、朝鮮の粘り強い独立運動も一九五〇年の時点で勃興しはじめたアジア・ナショナリズム一般の問題へと収斂させる。これは関東大震災の朝鮮人虐殺を主義者の虐殺へと、軍隊内の朝鮮人兵士の問題を階級社会の話へ溶解させてしまう姿勢と似ている。こうした丸山の態度は倫理的に正しくなく、丸山の朝鮮の無視は意図的であると主張したいわけではない。日本ファシズム研究の深化にもかかわらず、あるいは深化のゆえに、ファシズム内部において朝鮮という植民地がいかなる位置を占めているのかという問いが、丸山には無かったことを指摘したいのである。丸山において朝鮮や朝鮮人は存在していないか、または日本人と等しく「抑圧された大衆」だったことになる。

2　丸山眞男のファシズム論と朝鮮という他者

丸山は戦後、国民主義的ナショナリズムの理論構築のために戦前の日本社会をいくつかの概念で定位する。超国家主義（極端な国家主義）、日本（型）ファシズム、ナショナリズム、軍国主義がそれだ。丸山にとって極めて重要な概念であるファシズムからみてみよう。丸山は「日本ファシズムの思想と運動」（一九四八）において、運動としてのファシズムを国家機構としてのファシズムと区別したうえで、三段階に時期区分する。第一段階はファシズムの準備期の一九一九〜一九二〇年で、丸山はこれを「民間における右翼運動の時代」と呼ぶ。第二段階はファシズムの成熟期で一九三一年の「満州事変」から一九三六年の二・二六事件まで。民間の運動としてのファシズムが軍部の一部と結合し、軍部がこれを牽引して国政の中核を掌握していく時期である。丸山はこれを「急進ファシズムの全盛期」と呼ぶ。第三段階は一九三六年から一九四五年の敗戦までの時期で「日本ファシズムの完成時代」である。軍部が上からのファシズムの露わな担い手として、官僚や重臣などの半封建勢力、そして独占資本およびブルジョア政党と共に不安定な連合支配体制を作りあげる時期である。(29) この段階で運動としてのファシズムは国家機構としてのファシズムと一体化する。(30) そして一九四五年八月一五日に日本ファシズムは終わりを告げる。(31)

丸山はファシズムの一般的要素を「個人主義的自由主義的世界観を排するとか、或いは自由主義の政治的表現であるところの議会政治に反対するとか、対外膨張の主張、軍備拡充や戦争に対する讃美的傾向、民族的神話や国粋主義の強調、全体主義に基く階級闘争の排斥、特にマルクス主義に対する闘争というようなモメント」(32) を持つイデオロギーと診断し、日本ファシズムにもこれが貫徹されたという。さらに日本ファシズムの固有の特徴として、家族主義的傾向、農本主義思想、「大亜細亜主義に基くアジア諸民族の解放という問題」をあげている。(33) 普遍－特殊の総体的把握という丸山政治学の特徴が、このファシズム概念にもよくあらわれている。ところで、ここで重要なことはファシズムの一般的要素とされる「対外膨張」イデオロギーと、日本ファシズムに固有とされる「大亜細亜主義に基くアジア諸民族の解放」のイデオロギーの関係である。日本ファシズムにおいて、「大亜細亜主義に基くアジア諸民族の解放」という要素が実際のイデオロギーとして作動していたとの主張は論外である。ただ、日本ファシズムが国家機構として完成するのが一九三〇年代後半とする丸山の主張を受け容れるならば、一九世紀末から二〇世紀初中盤にかけて国家機構を総動員して行われたアイヌ、沖縄、台湾、朝鮮、中国などへと続く対外侵略史は、少なくとも丸山のファシズム理論では説明できなくなる。丸山は一九世紀後半からの日本の対外侵略をどのように説明しているのだろうか。次の文章をみよう。

日本ファシズムのなかには、自由民権運動時代からの課題であるアジア民族の解放、東亜をヨーロッパの圧力から解放しようとする動向が強く流れ込んでいるのですが、しかもそれが殆ど不可避的に日本がヨーロッパ帝国主義に代ってアジアのヘゲモニーをにぎろうとする思想と織り合わさってしまうのであります（東亜協同体論より東亜新秩序論への展開を見よ）。日本がともかく東洋において最初に近代国家を完成し、「ヨーロッパの東漸」をくいとめた国家であるという歴史的地位からして、日本の大陸発展のイデオロギーには終始この東亜解放的側面がまつわっております。勿論後になればなるほど、この側面は帝国主義戦争の単なる粉飾という意味を強化して行くわけですが、そうした面が完全に消滅したわけではないということは現在ビルマやインドネシアにどういうことが起っているかということを注意されれば、お分りになると思います。(34)

丸山は自由民権運動などの「東亜解放」思想が対外侵略的な性格へ転化したことを「不可避」だったとしているが、この文章の翌年に書かれた「日本における危機の特性」ではこの「不可避」さについて「防衛と膨張のけじめ」が難しかった極めて独特な国際的条件のなかに日本が置かれていたことに起因すると述べている。[35] すなわち、ヨーロッパ帝国主義の東漸への防衛が、「東亜解放思想」を対外膨張イデオロギーに転換させざるを得なくしたということだ。[36] 大戦の終結後に繰り広げられるビルマやインドネシアの反帝国主義闘争を日本の「東亜解放」と関連づけて説明することにどれほどの根拠があるかはひとまず問うまい。だがこの文章を読む限り、丸山が一九世紀末の対外侵略の歴史に注目するゆえんは、一九三〇年代以降に完成する日本ファシズムの「東亜解放」的性格の歴史的起源を探るためであって、実際に行われた一九世紀末の侵略のイデオロギーを究明するためではない。なぜこのように考えたのか？

丸山はファシズムと民主主義の対立、すなわちファシズムがどれほど民主主義とその可能性を抑圧したかを問題にするだけであって、ファシズムであれ民主主義であれ帝国主義へとつながりうることには関心が無いのである。もちろん丸山は「ヨーロッパ帝国主義の脅威という面ばかり強調すると、その反面、日本が過去五十年、同じ東洋の仲間である朝鮮に対し、台湾に対し、中国に対し、どんな風に振舞ったかという点が忘れられてしまう[37]」と述べ、日本帝国主義の植民地支配がいかに過酷だったかを語ってはいる。しかしこの発言は、どこまでも植民地支配という結果を前提に、その過酷さに言及したものであって、帝国主義と日本ファシズムにいかなる関連があるのか、また関連が無いならばファシズム理論でどのように日本の近代を説明できるのかという関心からなされたものではない。よって丸山にとっては関東大震災の朝鮮人虐殺も、朝鮮人独立運動家への過酷な拷問も、植民者としての父親も、朝鮮人軍人も、ファシズムやファシズムへの転換過程の国家がほしいままに行う「個人への抑圧」であるに過ぎず、植民地主義の姿としてはとらえない。丸山が晩年の『回顧談』において、一九九〇年の韓国大統領盧泰愚の訪日と海部俊樹首相の「お詫び」をめぐって、「帝国主義国で、謝罪した国があるかといえば、ありませんね。いつ一体イギリスはインドに謝罪したか。いつドイツは膠州湾について謝罪したか。いつソ連はツァール・ロシアのやったことに謝罪したか。こういうことと、たとえば、朝鮮人の強制連行など、植民地支配の下で行われた人権侵害とは基本的に違う。それは無条件にきちんと謝罪すべきことです[38]」と語ったのはこのためだ。丸山にとって問題となるのは植民地統治の過程で発生した抑圧であり、対外膨張そのものではないのである。

この点は丸山が用いるナショナリズム概念にも現れている。丸山を一躍有名にした「超国家主義の論理と心理」(一九四六)は、日本の超国家主義あるいは極端な国家主義の思想構造と心理的基盤を分析した論文である[39]。丸山はこの論文で、近代国家は国民国家であり、国民国家の本質的属性はナショナリズムであるが、なぜ日本のナショナリズムは極端な形態で展開したのかを究明する。丸山の言う極端性とは、帝国主義や軍国主義、あるいはファシズムを意味する。国民国家形成初期に現れた絶対主義諸国家もみな露骨な対外侵略を引き起こしたから、対外侵略は「ナショナリズムの内在的衝動」をなしていたとみる。そして、そのような衝動が日本で極端に展開した理由を、カール・シュミット（Carl Schmitt）の「中性国家」概念を用いて説明する。簡単にいえば、ヨーロッパでは個人の内面化に介入しない制度、すなわち法機構として国家が形成されたのに対し、日本では人間の内面的価値に介入しこれを管轄するような国家が形成されたのが原因だとした。ヨーロッパ諸国が、カール・シュミットのいうように人間の内面的世界に介入しない「中性国家」であるかどうかは一旦留保しよう。日本がヨーロッパのような「中性国家」を形成できなかったことが、極端なナショナリズムの原因だとするならば、極端なナショナリズムの対極には「新しいナショナリズム」が置かれることになる。丸山によれば「新しいナショナリズム」とは、「民主革命と結合した」もので、ナショナリズムとデモクラシーの「幸福な結婚[40]」を意味する。

　こうしてみると、丸山がナショナリズムを否定しなかったのみならず、近代ナショナリズムが生み出した対外膨張を問題にしなかったのは当然である。丸山が関心を寄せたのは日本ナショナリズムの歪曲と「極端なる」抑圧、そして中性国家の不在を通して人間の内面に介入した「國體」である。このため、一九世紀ナショナリズム一般がなぜ帝国主義イデオロギーへ転換したのかではなく、日本ナショナリズムの「堕落」（ファシズム）、そしてその「堕落」のもとでほしいままに行使された反人権的な暴圧だけを問題としたのだ。丸山にとって、西欧帝国主義が対外膨張という形態を取るとしても、それがナショナリズムとデモクラシーの「幸福な結婚」の延長線上にあるならば、あくまで「近代の完成」とみなされて批判的に考察されることはない。丸山が対外膨張に注目するのは、それが対内的な抑圧と共に日本ナショナリズムの「極端性」が発現したとみる限りにおいてである。

丸山は一九四五年八月一五日以降を「極端性」が除去された西欧的近代の完成、つまりナショナリズムとデモクラシーの「幸福な結婚」の契機とみる。丸山がこのようにみるのは、ナショナリズムの「極端性」を支えていたデモクラシー「不在」という要素が除去され、両者の幸福な結合の可能性が現実のものとなったからである。だとすれば、丸山からみれば両者の幸福な結合としての「近代の完成」は、必ずしも植民地主義と矛盾しない。むしろ植民地主義は「近代の完成」を支える極めて重要な条件であるとも考えうる。

こうした思考は、ファシズム論における丸山の「マス」(mass) 概念にも見いだせる。丸山はヒトラーの演説を引用しながらファシズム下の大衆を「職業的・階級的規定」といった「人間の社会的活動に個性を付与する要素を一切取りさった、砂のように無性格・無規定な人間の量的な塊」と定義する一方で、ファシズムは「人間を等質的なマスに解体すると同時に、このマスでつくられた社会組織をセメントのように固め」るという。[41] この概念によれば「帝国日本」の一切の階級的・地域的・職業的矛盾はひとまず「砂」のように解体され、ファシズムを支えこれを導いていく社会組織として再構成・固定化され、個人はみなファシズムに「強制的同質化[42]」される。

だとすれば、ここで植民地は丸山の「マス」概念においてどのような位置を与えられるのだろうか？　丸山のいうようにファシズム――社会組織の解体と再構成を通じた強制的同質化――が、帝国日本の強力な政治イデオロギーだとするならば、植民地はどこに位置づけられるのだろうか？　結論からいえば、帝国と植民地、帝国主義本国人と植民地住民という要素は、丸山にとって重要な考慮の対象ではない。丸山のファシズム概念において民族問題は「マス」概念に埋没してしまうからである。前述したように、丸山が平壌での軍隊生活時代を回想しながら朝鮮人上官から被った暴力の経験を語り、軍隊内には民族差別が存在しなかったと主張したのも、帝国日本の民族的位階関係を大衆概念に埋没させ、「強制的同質化」させるファシズム論の延長線上にある。

> 沖縄人や朝鮮人に対する残虐行為というものと、バターンやビルマでのそれとは、異質なものと思わない。現実の政治状勢はちがったかも知れないが、日本国内における抑圧と、よそものに対する扱い方は、そうちがわない。部落問題にしてもそうですが、果して被差別「部落」だけの問題かどうか。党と大衆団体にしても、内外論理、完全な差別観がある。[43]

　丸山にとって帝国日本のあらゆる民族問題は、ファシズムという万能の武器のもと、みな捨象されるか後景に退かされる。丸山は国民主義的ナショナリズムを立ち上げるため、ファシズム論をひきだし、植民地朝鮮をその思考から切り捨てたのである。後述する抽象と捨象の同時作用である。中野敏男が「「近代」の意義を語り続けてきた丸山眞男の視野に、原理論としては、帝国主義としての近代がそもそも捉えられていない[44]」と指摘したように、丸山は帝国主義という概念をほとんど用いていない。丸山にとって重要なのは近代の完成であり、近代と帝国主義の関係ではない。もちろん、丸山は超国家主義、ファシズム、ナショナリズム、軍国主義を常に帝国主義を否定する概念として用いているわけではない。しかし、これらの概念は特定の国家と社会が丸山のいう「デモクラシー」に抑圧的な要素を構造的・歴史的に有しているかを分析する際に有用なだけである。よって対外膨張と植民地帝国の形成はファシズム、超国家主義、軍国主義の外延的発現に過ぎず、ファシズム概念を構成するにあたり植民地がどのような位置を占めるのかに、丸山はほとんど関心を持たなかった。丸山が理論的な枠組みから植民地朝鮮を捨象するのは、その論理からすれば当然のことなのである。

3　結論に代えて――「捨象の思想化」という方法

以上みたように丸山は、朝鮮＝植民地問題をその思想体系の中から「さっぱりと」捨象することによりファシズム理論を完成させ、国民主義的ナショナリズムの理論を立ち上げた。丸山が朝鮮＝植民地を捨象、無視、後景化したことをどのように理解すればよいだろうか。ここで想定できるのは、丸山が「捨象の思想化」とでも呼べる方法を用いたのではないかということである。事物に関する概念形成は捨象と抽象の二重作用により行われる。抽象は対象から共通の要素をひきだすことであり、捨象は共通性（論理的自己完結性）にそぐわない要素を捨てることである。抽象と捨象はコインの両面である。これまで検討したように、丸山にとっての捨象の対象は植民地であり朝鮮である。ここでいう朝鮮は、もちろん歴史的存在として日本列島の隣に位置した実体だけを意味するわけではない。「朝鮮」は同時にいわゆる未開・低開発・野蛮の土地であり、アジア的停滞の象徴である。帝国主義侵略を被り植民地を経験した第三世界一般を象徴するところの朝鮮であり、丸山がアジア、東洋、中国、アジア／アフリカなどの名称で呼ぶものである[45]。では、丸山が朝鮮を捨象して、ひきだされる抽象とは何であろうか。

よく知られているように、丸山は広島市宇品町にある陸軍船舶司令部で被爆した。しかし私的な記録を除けば、原爆に関する体系的な思想化の試みを見出すことはできない。丸山はこう語っている。「いちばん足りなかったと思うのは、原爆体験の思想化ですね。わたし自身がスレスレの限界にいた原爆経験者であるにもかかわらず[46]」。丸山はなぜ自らの思想から原爆問題を捨象したのだろうか。

平野敬和は「丸山眞男の思想的作業の独自性は、戦争体験の思想化にあった」が、そこから排除されたのがまさに原爆体験であったと指摘する。そして「丸山が戦争体験の思想化を試みた立場性が、必然的に原爆体験の思想化を困難なものにしたように思われるのである。言い換えるなら、丸山は原爆体験の思想化を犠牲にしてでも、政治学者として戦争体験を思想化することにこだわり続けたのではないか」と問う。

〔原爆体験は〕丸山が戦争体験の思想化において、戦前と戦後を断絶させるという立場性とは、相容れない「体験」であった。そして、彼は自らの「体験」を語るという自己表現のあり方を抑制し、その思想化を意識的に拒み続けたのである。[47]

平野の文章における「原爆」を朝鮮＝植民地に読みかえれば「植民地体験の思想化を犠牲にしてでも、戦争体験を思想化することにこだわり続けた」ということになる。丸山は日本の近代において、日本が加害者として経験した帝国主義―植民地問題を犠牲にしてでも、戦争体験を思想化することにこだわり続けたともいえる。ファシズムと対決しうる思想を自らの体験を素材として育みながら、戦前と戦後の日本を断絶させようとした丸山にとって、断絶されない原爆体験や植民地体験は、戦争体験の思想化と「相容れない「体験」」だったのである。こうしてみると、一九四五年八月一五日を丸山が実際にいかに迎えたかが気にかかる。

丸山は八・一五を迎えたときの心情を「悲しそうな顔をしなければならないのは辛いね」という同僚に「よく言ってくれた」と小さい声で返事したと回想しており、八・一五を「無血革命」、「歴史的転換」と表現する。[48] 丸山は当時の日本社会全体を覆っていた悲しみや虚脱とは全く異なる視点から八・一五を冷静に眺め、これを新たな出発点とみなした。「日本軍国主義に終止符が打たれた八・一五の日はまた同時に、超国家主義の全体系の基盤たる国体がその絶対性を喪失し今や始めて自由なる主体となった日本国民にその運命を委ねた日」[49]だったのである。だからこそ丸山は一九世紀へとさかのぼり、ファシズムに「汚染」される前の国民主義イデオロギーを探すのだ。丸山が敗戦直後に書いた論文において、福沢諭吉から陸羯南にいたる侵略の流れを国民主義という名で救い出そうとしたのはこのためだ。[50]竹内好はそれと対照的な感情を抱く。

八・一五は私にとって、屈辱の事件である。民族の屈辱でもあり、私自身の屈辱でもある。つらい思い出の事件である。ポツダム革命のみじめな成りゆきを見ていて、痛切に思うことは、八・一五のとき、共和制を実現する可能性がまったくなかったかどうかということである。可能性があるのに、可能性を現実性に転化する努力をおこたったとすれば、子孫に残した重荷について私たちの世代は連帯の責任を負わなければならない。[51]

竹内好は八・一五を「ポツダム革命」と呼び、民族の力でその革命を達成できなかったことと、人民の力で戦争を終わらせられなかったことを「民族の屈辱」として受け止める。こうした感受性が丸山には無い。丸山にとって八・一五は戦争を終えてファシズムと決別し民主主義の可能性を顕在化できる「希望」の契機だったからである。丸山はナショナリズムとデモクラシーの「幸福な結婚」を戦後社会で夢見て、一九世紀のアジア主義を国民主義の名で再び召喚した。これに対し、竹内は中国という抵抗の歴史を日本社会へと投げかける「歴史の巻き返し」を夢見て、いわゆる「方法としてのアジア」を選んだ。[52] そして一九世紀のアジア主義を侵略の思想から「救出」し、抵抗の思想として召喚する道を選んだ。一九世紀のアジア主義を、丸山は国民主義として、竹内は抵抗の思想として召喚したのである。もちろん、丸山が帝国主義一般と植民地との関係を全く自覚していなかったわけではない。例えば、英国のインド植民地支配の問題について、丸山は次のように鋭く指摘する。

近代ヨーロッパの絶大なテクノロジーの進歩なり、自由主義、民主主義といったものが、世界の人口の半ば以上を占めるアジアの、無知と貧困と隷従の犠牲の上に築かれてきた、ということは、われわれは、瞬時も忘れえないことであります。そこに既に、今の自由とか、民主主義というものの持っていた歴史的な限界が、決して国際的な規模における自由主義、民主主義とはいえない素因が窺える。人々はしばしば、イギリスの自由主義の、良識と穏健と知性というものを讃えますけれども、そういったイギリスの自由主義の立派さというものの半面には、非常に苛烈なインド支配があった。その地盤の上にイギリスの進歩というものがあったということも疑いえない所であります。

その限りにおいて、ヨーロッパの進歩や自由は、富裕な国々の自由であり、進歩であるといわなければならない。[53]

英国などの西欧の近代を帝国主義と定義する一方、民主主義・自由主義としての近代が植民地の犠牲と不可分だったとして、帝国主義―植民地の非対称性に注目する丸山のこうした西欧批判は、一九九〇年代に日本で流行したポスト・コロニアリズムを先取りした面もある。そういう意味では「西欧主義者」[54]の名を冠せられる丸山らしからぬ、極めて異彩を放つ一文といえよう。英国とインドに対するこうした感受性が、帝国日本と植民地朝鮮について見られなかったのは、丸山が日本近代の精髄を民主主義を成就するかどうかに置いていたためだけではない。丸山は前の引用文に示されているように、西欧民主主義の進行が必ずしも帝国主義と矛盾するわけではないと理解していた。のみならず、場合によっては民主化が帝国主義化とコインの裏表のように同時に進みうるとの自覚があった。丸山の日本分析にこうした視角があらわれないのは、日本の近代が姜尚中のいう「両義性」、自身のいう「防衛と膨張」という極めて特殊な条件に強く規定されていると認識したためだ。このため丸山は日本を帝国主義国として分析することを最後まで拒んだ。こうして西欧の近代には帝国主義論を、日本の近代にはファシズムを割り当てる分裂的な視角が起動したのである。結局、丸山のファシズム論は植民地を捨象せざるを得ない内的構造を有していたのである。

注

（1）丸山眞男「現代における人間と政治」『丸山眞男集』第九巻、岩波書店、一九九六年、二九頁。
（2）論文とエッセイをまとめた『丸山眞男集』（全一六巻、別巻一冊）、岩波書店、一九九五〜一九九七年、軍隊時代のメモをまとめた『丸山眞男戦中備忘録』日本図書センター、一九九七年、日記とメモをまとめた『自己内対話――3冊のノートから』みすず書房、一九九八年、講義録をまとめた『丸山眞男講義録』（全七巻）、東京大学出版会、一九九八〜二〇〇〇年、座談会の記録をまとめた『丸山眞男座談』（全九巻）、岩波書店、一九九八年、私的な書簡をまとめた『丸山眞男書簡集』（全五巻）、みすず書房、二〇〇三〜二〇〇四年、本人へのインタビューを通して丸山の生涯を対談形式でまとめた松沢弘陽・植手通有編『丸山眞男回顧談』上・下、岩波書店、二〇〇六年、エッセイなどをまとめた丸山眞男手帖の会編『丸山眞男話文集』（全四巻）、みすず書房、二〇〇八〜二〇〇九年、同『丸山眞男話文集』（続一〜四巻）みすず書房、二〇一四〜一五年などが出版された。

（3）丸山が死去した一九九六年から二〇〇五年まで「丸山眞男」という表題をつけて出版された研究書は計三五冊に達する（竹内洋『丸山眞男の時代』中公新書、二〇〇五年、一九頁）。

（4）三谷太一郎「わが青春の丸山体験」「みすず」編集部編『丸山眞男の世界』みすず書房、一九九七年。いわゆる一九六〇年代全共闘世代に丸山が与えた影響力の大きさは、全共闘と丸山の関係が「友好的」だったことを意味しない。戦争責任と戦後民主主義に対する評価をめぐって両者には顕著な認識の差異があった。この点については권혁태「전후 평화주의에 대한 반란（戦後平和主義への反乱）」『일본의 불안을 읽는다（日本の不安を読む）』교양인、二〇一〇年参照。

（5）丸山の著作は、『日本政治思想史研究』（一九九五年）、『日本の思想』（一九九八年）、『現代政治の思想と行動』（一九九七年）、『「文明論之概略」を読む』（二〇〇七年）、『戦中と戦後のあいだ』（二〇一一年）などがいずれもキム・ソックンの翻訳により韓国で刊行された。

（6）남기정（ナム・ギジョン）「일본 '전후' 지식인의 조선경험과 아시아인식：평화문제담화회를 중심으로（日本「戦後」知識人の朝鮮経験とアジア認識：平和問題談話会を中心に）」『국제정치논총（国際政治論叢）』第五〇巻四号、二〇一〇年九月。

（7）中野敏男『大塚久雄と丸山眞男――動員、主体、戦争責任』青土社、二〇〇一年。丸山の「国民主義」に

対する批判はこの他にも多数存在する。一例をあげれば、姜尚中「いま丸山眞男を語る意味」国民文化会議編『丸山眞男と市民社会』世織書房、一九九七年、姜尚中「丸山眞男と「体系化の神話」の終焉」『現代思想』第二二巻一号、青土社、酒井直樹「丸山眞男と忠誠」『現代思想』第二二巻一号、青土社、一九九四年。この他に一九六〇年代の丸山に対する批判としては吉本隆明『柳田国男論・丸山眞男論』筑摩書房、二〇〇一年を参照。

(8)「政治学」(一九五六)、『丸山眞男集』第六巻、一九六頁。

(9)同右。

(10)「日本思想史における「古層」の問題」(一九七九)、『丸山眞男集』第一一巻、一五四―一五五頁。

(11)丸山幹治が勤めた新聞社は『日本』、『青森日報』、『京城日報』、『大阪朝日新聞』、『大正日日新聞』、『読売新聞』、『中外産業新報』、『大阪毎日新聞』、『東京日日新聞』である。

(12)『丸山眞男集』別巻、二七―三二頁。

(13)『丸山眞男回顧談』上、一九七頁。

(14)丸山は父を「自由主義者」と規定し、父・幹治が京城日報時代に朝鮮自治論を主張して朝鮮総督府の恨みを買ったと証言する。この証言をみるに、朝鮮自治論と朝鮮総督府の立場が常に対立的であるわけではなかったという事実を一九九〇年代中盤の丸山は知らなかったと推測できる。丸山は当時『東洋経済新報』を中心に展開された植民地放棄論に立脚した「小日本主義」についても知らなかったと語っている(『丸山眞男回顧談』下、一七二―一七三頁)。

(15)「普遍的原理の立場」(一九六七)、『丸山眞男座談7・一九六六―一九七六』一〇六頁。

(16)丸山眞男「恐るべき大震災大火災の思出」「みすず」編集部『丸山眞男の世界』みすず書房、一九九七年、一七、二七頁。

(17)「インテリゲンツィアと歴史的立場」(一九四九)、『丸山眞男座談1・一九四六―一九四七』二八四―二八五頁。

(18)「一哲学徒の苦難の道」(一九六六)、『丸山眞男座談5・一九六四―一九六六』一八九―一九〇頁。
(19) ノ・ビョンホは丸山の小学校時代の作文と丸山が吉野作造を引用したことをとらえて、丸山が吉野作造の朝鮮人観に共感していたと主張する(노병호「마루야마 마사오의 모델상으로서의 요시노 사쿠조(丸山眞男のモデル像としての吉野作造)」『일본연구(日本研究)』第四二号、한국외대일본연구소(韓国外大日本研究所)、二〇〇九年、五六頁)。
(20)『丸山眞男集』別巻、四四―四六頁。
(21)「日本の軍隊を衝く」(一九四九)、『丸山眞男座談1・一九四六―一九四七』一七〇頁。
(22)「戦争と同時代」(一九五八)、『丸山眞男座談2・一九五〇―一九五八』二〇四頁。
(23)『丸山眞男回顧談』下、一七六頁。
(24)「「眼には眼を」の問題点」(一九五八)、『丸山眞男座談2・一九五〇―一九五八』一九七頁。
(25)「Nationalism はまた民族主義と訳されるが、民族主義というと例えば他の一国家の本土に少数民族として存在し、或は植民地となってゐた民族が独立するとか、数個の国家に分属してゐた民族が一国家を形成するとかいう場合は適当であるが、我国の様に昔から民族的純粋性を保ちいわゆる民族問題を持たなかった国に於ては如何であろうか」(「國民主義の「前期的」形成」(一九四四)、『丸山眞男集』第二巻、二三〇頁)。
(26) 中野敏男、一八三頁。
(27)「一哲学徒の苦難の道」(一九六六)、『丸山眞男座談5・一九六四―一九六六』二五九頁。
(28)「被占領意識」(一九五〇)、『丸山眞男座談2・一九五〇―一九五八』二二頁。
(29)「日本ファシズムの思想と運動」(一九五八)、『丸山眞男集』第三巻、二六〇―二六二頁。
(30) 同右、二七一頁。
(31) 同右、二六一頁。
(32) 同右、二七一頁。
(33) 同右、二八九頁。

(34) 同右、二八九－二九〇頁。

(35) ここで丸山のいう「防衛と膨張」の論理について姜尚中は「日本の独立が、同時に、後発的な帝国主義国家の誕生であったということこの両義性をどう解くのか。〔…〕日本の近代史の最大のアポリアです」として、この点についての丸山の見解に最大の疑問を持っていたと語っている（姜尚中「いま丸山眞男を語る意味」国民文化会議編『丸山眞男と市民社会』世織書房、一九九七年、七二頁）。

(36) 「日本における危機の特性」（一九五九）、『丸山眞男座談3・一九五八－一九五九』一五八頁。

(37) 「日本の運命（二）」（一九五〇）、『丸山眞男座談2・一九五〇－一九五八』二三九頁。

(38) 『丸山眞男回顧談』下、岩波書店、一七七－一七八頁。

(39) 「超国家主義の論理と心理」（一九四六）、『丸山眞男集』第三巻。

(40) 「日本におけるナショナリズム」（一九五一）、『丸山眞男集』第五巻、七四、六六頁。

(41) 「ファシズムの現代的状況」（一九五三）、『丸山眞男集』第五巻、三〇四頁。

(42) 丸山は強制的同質化・画一化（Gleichschaltung）は「正統の集中であると同時に異端の強制的集中を意味する」（「現代における人間と政治」（一九六一）、『丸山眞男集』第九巻、二九頁）と記している。

(43) 「点の軌跡」（一九六三）、『丸山眞男集』第九巻、一三九－一四〇頁。

(44) 中野敏男、二一九頁。

(45) 丸山が用いるアジア、東洋という停滞性の範疇に常に「朝鮮」が入っているわけではない。丸山のいうアジア、東洋はほとんど中国を意味することが多く、よって停滞という規定を与えられた中国に比べて朝鮮はそうした呼び名すら必要ないほどに価値の無い場なのである。

(46) 「普遍的原理の立場」（一九六七）、『丸山眞男座談7・一九六六－一九七六』一〇六頁。

(47) 平野敬和「丸山眞男と原爆体験」『丸山眞男』（道の手帖）、河出書房新社、二〇〇六年、三五頁。

(48) 『丸山眞男回顧談』上、岩波書店、一〇頁、「若き世代に寄す」（一九四七）、『丸山眞男集』第三巻、八三頁。

(49) 「超国家主義の論理と心理」『丸山眞男集』第三巻、三六頁。

(50)「福沢諭吉から陸羯南へと連なる国民主義の最初からのひ弱い動向は、やがて上からの国家主義の強力な支配の裡に吸いこまれてしまった。[…] 長きにわたるウルトラ・ナショナリズムの支配を脱した現在こそ、正しい意味でのナショナリズム、正しい国民主義運動が民主主義革命と結合しなければならない」(「陸羯南」(一九四七)、『丸山眞男集』第三巻、一〇五頁)。

(51) 다케우치 요시미(竹内好)지음, 윤여일옮김『다케우치 요시미 선집1──고뇌하는 일본(竹内好選集1 苦悩する日本)』휴머니스트、二〇一一年、三〇頁(竹内好「屈辱の事件」(一九五三)、竹内好著、丸川哲史・鈴木将久編『竹内好セレクションI 日本への/からのまなざし〈戦後思想〉を読み直す)』日本経済評論社、二〇〇六年、一九頁)。

(52) 다케우치 요시미(竹内好)「방법으로서의 아시아(方法としてのアジア)」최원식・백영서편『동아시아인의 '동양' 인식』문학과 지성사、二〇一〇年。梶村秀樹の竹内好批判については、梶村秀樹「竹内好氏の「アジア主義の展望」の一解釈」「日本人の朝鮮観」の成立根拠について──「アジア主義」再評価論批判」梶村秀樹著作集刊行委員会『梶村秀樹著作集』第一巻、明石書店、一九九三年参照。

(53)「現代文明と政治の動向」(一九五三)、『丸山眞男集』第六巻、四七頁。

(54) 丸山の間接的な弟子を自認する水谷三公は、伊藤博文が森有礼を「日本産西洋人」と命名したことを引用して、丸山にも同じような感覚を抱いたと記している(水谷三公『丸山眞男──ある時代の肖像』ちくま新書、二〇〇四年)。

[付記] 本章を含む、권혁태、차승기편『전후의 탄생 일본、그리고 조선이라는 경계[아이아 총서 一〇六]』(그린비、二〇一三年)の邦訳は新泉社より近刊の予定である。今回の翻訳にあたっては原著者と新泉社の了解を得た。

第三章　善隣学生会館と日中関係
国民国家の論理と陣営の論理

1　日中国交正常化と冷戦の構図の「逆転」

中国との国交回復は、いずれは実現するだろう。遠からず実現するかもしれない。なにしろ時勢が変わってしまった。戦争の危機が完全に消えたとは思わないが、しばらく遠のいたことだけは、人なみ以上にペシミストである私でも認めないわけにはいかない。おまけに国交回復は、いまではもうアメリカのお墨付きもあるし、財界の公認ずみでもある。

［日中国交回復の──引用者］意味が変わったにしても、回復しないよりはするほうがよい。それは当りまえのことだ。［…］ただ、そこに日本人民の良心がかけられ、それによって中国人民との連帯が期待可能であった形では、ついに日中国交回復は、実現されなくなったことだけは

肝に銘じておかなくてはならない。（一九七二年八月）[1]

会談の成否が気になってならなかった。調印式の開会がおくれたときなど、不吉な感じさえした。［…］共同声明の内容が逐次紹介されるにつれて、肩からスーッと力がぬけてゆく感じがした。ほとんど予期のとおり、というよりも、予期以上のものだった。よくもここまでやれた、というのが正直な印象である。中国の犠牲者たちは、これではまだ浮かばれないかもしれないが、少なくとも日本の戦争犠牲者たちは、やっと瞑目できるのではないか。（一九七二年一一月）[2]

これは、思想家であり中国専門家であった竹内好が日中国交正常化（一九七二年九月）の前後に発表した文章である。一九六一年に「中国問題と日本人の立場」[3]で日本が戦争責任を認め、主体的に未済の終戦処理を行うことを日中国交正常化の大前提であると明言した竹内は、一九七二年九月に「突然」実現した国交正常化を非常に複雑な心境で受け止めたようだ。一九六四年一〇月一六日に中国最初の核実験の報に接して、竹内は「不幸な出来事でした。あってはならない。あらしめてはならない出来事でした。人間として、わけても日本人として、この出来事を残念に思わぬ人は少いでしょう」と中国への失望を隠さない一方で、「理性をはなれて、感情の点では、言いにくいことですが、内心ひそかに、よくやった。よくぞアングロサクソンとその手下ども（日本人をふくむ）の鼻をあかしてくれた、という一種の感動の念のあることを隠すことができません」（一九六五年一月）[4]と、中国の核武装を反西洋主義・反帝国主義の象徴的な事件としても受けとめた。このような竹内にとって、中国が帝国主義国家米国の「手下」である日本と国交を回復することは、ある種の「価値転倒」でありながらも、「時勢が変わっ」たことを「認めないわけにはいかない」事件だった。そのため竹内は「形式は［いまだ―引用者］条約ではないが、内容は平和条約以上のものをふくんでいる。望みうる最高のものかもしれない。結果だけでいえば、私の悲観論は見事に打ちくだかれた」とし「とりあえず今日の成果を祝いたい。思えば遠い道であった。［…］祝うのが当然ではないか」[5]と評価し、日中国交正常化を目標として自ら主宰してきた「中国の会」の解散を決定する。

竹内が「時勢が変わっ」たことを「認めないわけにはいかない」のは、日中国交正常化があまりに唐突に実現したからだけではないだろう。竹内ら多くの「親中」知識人たちは、日本が社会主義陣営に敵対する日米安保条約を破棄して「一つの中国」を支持し、戦争責任を果たすことがその前提だと考えていた。しかし日中共同声明（一九七二年九月二九日）は日中間の「不正常な状態」を終わらせ、中華人民共和国を中国唯一の合法政府として承認し、台湾を中国領土と表明した。中国は賠償の請求を放棄したうえ、日米安保条約には一言も言及しなかった。それゆえ竹内の心境は複雑であった。

中ソ対立と文化大革命の渦中で、毛沢東理論を世界革命の普遍的理論と信じていた日本の一部の新左翼勢力にとっても、中国の「変心」は驚愕そのものだった。日本共産党（革命左派）で活動した後、連合赤軍に加わった坂口弘は一九七二年二月、浅間山荘に立てこもって警察と銃撃戦を繰り広げていたさなか、ニクソン大統領が中国を訪問し周恩来首相に歓迎される様子をテレビで観る。坂口は「われわれの武装闘争路線を根底から覆すショッキングな出来事であった。だが、われわれの未熟な頭はこうした背景を何一つ理解することが出来ず、ただ画面に映るニクソン訪中風景をジッと見詰めるだけであった[6]」と回想している。ともにテレビを観ていた加藤倫教も「オレたちは何のために……」と疑問を抱くようになり、戦意を喪失したと振りかえる[7]。また、連合赤軍の最高指導者で死刑判決を受けた永田洋子は、一九九〇年に出した本でニクソン訪中について「どういうことか理解できず戸惑うばかりだった」だったと回顧している[8]。

ソ連社会主義をスターリン主義とか社会帝国主義と非難し、日本共産党とも敵対して、新たな「社会主義」を夢見ていた日本の新左翼勢力にとって、中国は国家というより新たな社会主義の可能性を秘めた革命運動体であり、自民党政権と米帝国主義を打倒するためには欠かせない革命の「生まれ故郷」であった。中国社会主義を支持した革命左派やML派（共産主義者同盟マルクス・レーニン主義派）はもちろんのこと、新左翼運動に親近感を覚えていた一部の知識人も中国の文化大革命から「帝大解体」を掲げる全共闘運動の「自己否定」の論理へつながる可能性を見出していた。新左翼にとって中国は国民国家ではなく革命「運動体」であった。だから米中・日中関係正常化は、その「偶像」と打倒する対象が手をつなぐ、「認めるわけにはいかない」事態であったのだ。

一九五八年以来、中国共産党との太いパイプを築き、中国寄りの政策を打ち出して日中国交正常化を外交の基本政策と位置づけていた社会党は、正常化交渉から完全に排除された。加えてそれまでなんども中国共産党と協議を重ねて米国を「日中共同の敵」と規定した社会党の実績は、日中共同宣言からは読みとることはできなかった。[9] 日本共産党も公式には国交正常化を歓迎したが、一方では日米安保体制と尖閣列島（中国名は釣魚島）問題に言及すらしない共同声明に不満を示した。[10] しかし、一部の右派を除けば日本社会の反応は極めて好意的であった。新たな輸出市場を模索していた日本企業にとって、国交正常化は大きな可能性をもたらした。自民党も親台湾派の保守派議員を除けば歓迎ムードであった。一九六〇年代から日中国交正常化を主張し、国交交渉で実質的に重要な役割を果たした公明党もまた、共同声明を歓迎した。

中国に敵対的な立場をとってきた保守陣営が国交回復に歓迎の意を表し、中国との関係改善を一貫して主張してきた左派が交渉から疎外された日中国交正常化から、冷戦の逆転の構図を読み取れる。竹内は国交正常化を「予期以上のものだった。よくもここまでやれた」[11] と留保付きの希望を語ったが、その後の日中関係をみると、竹内の希望がかなったとは言いがたい。

日中国交正常化の影響は極めて大きかった。時事通信社の調査によれば、一九六〇年代に中国を「好き」と答えた比率は二〜三％に過ぎず、「嫌い」と答えた比率は三〇〜四〇％であった。[12] ところが内閣府の調査では、中国に親近感を抱く人の比率は一九七八〜八八年間に七〇％前後へ上昇している。[13] 世論のこの大きな変化は、一九七二年の日中共同声明と一九七八年の日中平和友好条約の影響だろう。ここからは民間交流が国交正常化へつながり、国交正常化が大衆のイメージの改善へとつながる好循環が読み取れる。しかし二〇〇〇年代に入ると、中国のイメージは悪化の一途を辿る。中国に「親しみを感じる」比率は一〇%台に落ち込み、六〇〜八〇%が「親しみを感じない」と答えている。中国の日本研究者・金熙徳は、台湾問題と歴史問題が戦後日中関係の「もっとも肝心でもっとも敏感な基本的問題」であったと指摘し、一九七二年以後の日中関係を「七二年体制」と名付ける。そして七二年体制で確認されたことは「台湾問題、歴史認識、安全保障、領土などの処理原則で」到達した「結合点」であったとしている。(14) ここでいう歴史認識の「結合点」とは、中国が賠償を要求しない代わりに日本は東京裁判で有罪とされた人々に断固とした姿勢で臨むことを意味する。しかし二〇〇〇年代に入り、教科書問題、靖国問題、尖閣（釣魚島）などの歴史認識問題といわゆる「中国脅威論」が浮上し、七二年体制は危機に瀕した。政府間交渉では「賠償なき謝罪」として「封印」した戦争責任の問題が、二〇〇〇年代の日中関係の悪化とともにいままた姿を現したのである。

本章では、以上述べたように、冷戦の逆転の構図が見られた日中国交正常化に至るまでの民間中心の日中友好運動が冷戦と国民国家の論理でいかに制約されていたのかを、日本の戦争責任問題を意識しながら、おもに善隣学生会館事件をめぐる対立を中心に見てみることにする。善隣学生会館は後述するとおり、かつて満州国から日本への留学生を管理・統制するために東京につくられた施設である。同会館はその後、所有権と管理権をめぐって東西陣営が激しく争う舞台となった。一九五〇年代には日本政府と華僑の、一九六〇年代には日本共産党と華僑の対立をへて、日中国交正常化（一九七二年）以後は所有権を留保したまま日中友好運動の拠点になる。この施設を軸に、戦後の日中関係史の一つを再構成してみよう。

2　善隣学生会館と日中友好運動

善隣学生会館と「共共」対立

一九六七年二月二八日から三月二日にかけて、東京都文京区にある「善隣学生会館」で事件が発生する。五階建ての低層階に入居していた日中友好協会と、四・五階の在日華僑学生が衝突し、多数の負傷者が出たのである。衝突の原因について、日中友好協会側は華僑学生が暴力を振ったことへの「正当防衛」であると主張し、華僑学生側は日中友好協会が一方的に攻撃してきたと主張するなど、今に至るまでその真相は明らかになっていない。日中友好運動を担う二つの大きな団体であった華僑学生と日中友好協会の間に、なにが起きたのだろうか。この事件について日本共産党は、機関紙『赤旗』に掲載した「暴力による攻撃にたいしては、毅然として正当防衛権を行使し、日本の民主運動を徹底的にまもろう」という声明で、次のように指摘している。

二月二十八日から三日間、中国在日学生後楽寮自治会の在日華僑学生、日本中国友好協会の脱走分子、反党対外盲従分子、一部の在日華僑などは徒党をくんで、連日日本中国友好協会を襲撃しました。そして、この卑劣な攻撃から日本中国友好協会をまもろうとして事務所入口でスクラムを組んでいた事務局員らになぐるけるの暴行をくわえ、支援にかけつけた東京各区の日本中国友好協会員、労働組合員、民主団体員をふくめて、医師の治療を要する重軽傷をおわされたものは、判明しているだけでも十数名に達しています。日本の首都東京での一部の外国人による、このような白昼の傷害行為は、まったく常識では考えられない無法きわまるものです(15)。

これに対し華僑学生側は次のように指摘する。

日共修正主義グループは、善隣学生会館の一角をかすめとっているニセ「日中友好協会」を反中国の拠点にし、二月二十八日から三月二日にかけて連日、暴徒を指揮して、華僑青年学生に対し、また、暴虐に抗して闘っている華僑青年学生を支援するためかけつけた日本の友人に対して気違いじみた迫害をくわえ、重傷者七名を含む二十数名の負傷者を出すというおどろくべき流血事件をひきおこしました。日共修正主義グループのこの狂気じみた反中国の暴行は、日本の警察当局の目の前で公然とおこなわれたものです。下手人はいまなお法の網をのがれており、善隣学生会館に住む華僑青年学生の身の安全がいちじるしく脅かされております。事態はきわめて重大です。

日共修正主義グループのひきおこしたこの度の反中国の流血事件は、偶然のものではありません。これは、帝国主義、修正主義および反動派による反中国の大合唱の一部であり、日共修正主義グループが昨年来計画的に、組織的に公然とすすめてきた反中国活動の一環をなしており、中国人留学生を殴打したソ連修正主義の血なまぐさい暴行と全く軌を一にしています。[16]

日本共産党は華僑学生を「日本中国友好協会の脱走分子、反党対外盲従分子」と、華僑学生は日本共産党を「日共修正主義グループ」「反動派」と指弾する。日本共産党のいう「脱走分子」とは「中国の文化大革命や紅衛兵運動を日本におしつけ」華僑学生側の肩を持つ「徒党的政治集団」を指す。[17] この非難合戦により、衝突の背景に中国共産党と日本共産党の路線対立があることがわかる。

善隣学生会館事件は、「共共」対立の代表的事例であるといえよう。直接的には日本共産党と中国共産党の対立にみえるが、その背後には中国共産党とソ連共産党の対立が控えている。日本共産党は中国共産党と戦後の再建直後から友好関係を結んでおり、日本共産党は日中友好運動の中核を担ってきた。一九六三年には、部分的核実験禁止条約（ＰＴＢＴ）の調印に反対する中国共産党を支持し、党内の「ソ連派」をまとめて除名するなど親中国の姿勢を崩さなかった。中国共産党と日本共産党が不仲になるのは中国の文化大革命からだが、それが具体的な形で表面化したのは中ソ対立がきっかけであった。一九六六年三月に中国で開催された毛沢東・宮本顕治会談では、ベトナムを支援する統一戦線にソ連を加えるべきだとする日本共産党と、あくまでも「反米反ソ」の姿勢を崩さない中国の違いが鮮明になった。以後、中国共産党は日本共産党を「修正主義」と批判し、日本共産党は中国共産党を「覇権主義」と攻撃して、一九九八年に関係が正常化されるまで両党の対立は続く。こうした状況のなか、日本共産党は既存の日中友好運動から手を引き、それどころか妨害工作までするようになった。[18]

例えば、一九六六年に前年に続いて「中日青年友好大交流」が日本側参加者八〇〇名を得て中国で開催される予定であったが、準備段階で日本共産党が参加に反対し、その意向を受けた日中友好協会と日本青年団協議会も妨害を始めたため、大混乱に陥った。もともと大規模な代表団の派遣を好ましく思っていなかった佐藤栄作政権はこれを口実に旅券発給を拒否し、結局この交流会は霧散する。[19]

また、一九六六年一一、一二月、北九州と名古屋で開催された中国経済貿易展覧会で、『毛沢東選集』をはじめとする中国書籍の販売と展示が、日本共産党に妨害される騒動も発生する。同じ年の原水爆禁止世界大会では、日本共産党の青年組織である日本民主青年同盟（民青）が参加を拒否する事件も起きた。アジア通信社[20]の労組にストライキを起こさせ、同社の経営権を日本共産党に移そうとする工作も行われる。ほかにも、日中旅行社関西営業所閉鎖（一九六八年）、教育事情研究会訪中妨害事件（一九六七年）、第一回日中青年大交流記録映画「団結こそ力」の上映阻止事件、中国革命史劇「東方紅」の上演阻止事件も、日本共産党が起こした事件である。また、中国図書を専門とする極東書店、大安書店、内山書店、ナウカ書店、采華書店などに対し、『毛沢東選集』などを陳列販売できないよう圧力を加える事件も同じ頃に発生した。(21)

こうした対立は、日中友好協会内部にも影響を及ぼした。一九六六年十月二五日に開かれた日中友好協会第一三回常任理事会で、中国支持派と日共支持派は激しい論争を繰り広げた。論争は第一七回中国国慶節に参加した日中友好協会と、中国の中日友好協会が発表した共同声明(一九六六年一〇月一二日)をめぐるものだった。問題となったのは「文化大革命と紅衛兵の革命行動がアメリカ帝国主義とさまざまな反動派にとって最も手痛い打撃であり、中国はソ連の指導部をはじめとする現代修正主義のように堕落することは絶対にない」という、文革とソ連に対する中国側の評価であった。文革支持派は日共支持派の反対にもかかわらず共同声明を四三対一三で採択し、日中友好協会(正統)という新たな団体を結成する。(22)

こうして善隣学生会館には、中国共産党に敵対的な日共系日中友好協会が華僑学生らと「同居」するという奇妙な状況が生まれた。これが衝突へ発展したのが善隣学生会館事件である。つまり善隣学生会館の衝突は偶発的な事件ではなく、両国共産党の路線対立が、日本の社会運動のヘゲモニー争いとからみあって起きた事件なのである。

だがここには、忘れてはならない極めて重要な問題が潜んでいる。すなわち、日共側が中国支持派を善隣学生会館から排除する根拠として、「日本の首都東京での一部の外国人による、このような白昼の傷害行為」をあげていることだ。日本共産党は華僑学生を「日本の首都東京での一部の外国人」と名指し、「主権」と「日本人」の論理に華僑学生の排除の論理を見出していたのである。

ここに善隣学生会館事件の第二の問題を読み取ることができる。すなわち、日本人対「外国人」という対立構図が会館の所有権をめぐる共共対立の背後に隠れているということである。日本共産党（日中友好協会の日共支持派）は、賃貸契約を楯にして入居権利を主張する。「わが協会は財団法人善隣学生会館との契約にもとづき、所定の家賃をおさめた借家人であり、これは民法上においても、誰からも干渉されるべき筋合いがない(23)」という。「在日華僑学生らは、善隣会館が自分たちの〝所有物〟であるかのようにいって、日中友好協会に〝出て行け！〟と叫んでいますがこれはまったくのでたらめです。戦後は〝財団法人善隣学生会館〟となって同財団が所有、管理、運営し(24)」た建物であり、ゆえに「華僑学生はこの会館の所有者ではなく、財団法人善隣学生会館が家主(25)」だという理屈だ。当時日本共産党員であった寺尾五郎（一九六八年に除名され日本共産党（左派）を結成）の記録によれば、共産党側は華僑学生らに「教条主義」「外国の干渉反対」「紅衛兵の暴力反対」といった言葉を投げつけたうえ、「ここは日本の領土だ、中国人は中国に帰れ！」「チャンコロは帰れッ(26)」といった差別的な発言を繰り返したという。

これに対し、華僑学生らは「もともと善隣学生会館は中華人民共和国の財産であり、中日両国の国交がまだ回復されていないため、暫時懸案になって、理事会による一時的管理がおこなわれているものです。善隣学生会館は華僑学生の寮であると同時に、中日友好と文化交流のために使用することを目的とした会館(27)」だと主張した。

善隣学生会館問題の起源と日中友好運動

善隣学生会館[28]の起源は戦前に遡る。もともとは「満州国留日学生補導協会」が一九三八年に建設した「満州国留日学生会館」である。「親日派」の人材育成を目的として、軍部の主導で建てられ、管理は大東亜省に任された。建設費と運営費は「満州国」が負担したが、日本の法人として登録され、運営は「満州系日本人」に一任された。陸軍少将の館長のもと、厳格に管理統制された[29]。

日本の敗戦とともに「満州国」が崩壊すると、「満州国留日学生補導協会」は一九四五年一一月一〇日に解散し、まだ帰国できていない中国人留学生らが会館の名を「中華学友会館」に、会館内の寄宿舎を「後楽寮」に改称して自主管理するようになる。中国人留学生のうち、主に大陸出身者は中華青年会館と神田寮に、旧満州出身者は後楽寮と平和寮に、台湾出身者は清和寮に、高座海軍工廠出身の台湾学生らは清風寮に寄宿した。戦前は日本の中国侵略政策に協調した日華学会、満州国留日学生補導協会、台湾の学祖財団などがそれぞれの施設を管理していたが、日本の敗戦で各団体が解散すると学生らが自治的に運営をはじめたのだった[30]。

ところが日本政府は所有権は日本にあると主張して、これらの施設の清算手続に着手する。だが一九四六年二月、連合国最高司令部（GHQ）民間財産管理局（CPC）は、これらの施設を「敵性財産」とみなし、日本政府の清算手続を停止するよう日本政府に指令する一方、建物の管理は外務省に委任した。GHQのこの措置は、建物の所有権が日本にはないことを暫定的に認めたものとみることができる。だが一九四九年に中華人民共和国が樹立すると、米国は対中封じ込め政策を本格化させ、それにともない会館に居住していた華僑学生も弾圧されはじめる。一九五一年秋には、関税法と外国人登録法違反の嫌疑で二〇〇人の警官が会館の家宅捜索を断行する。新聞も華僑学生叩きに加わった。例えば、「密貿易により共産党資金稼ぎ、躍る赤色スパイ？　本拠の中華民国学友会館捜索」（読売新聞）、「中共密輸のアジト衝く、中国学友会館手入れ、首謀は中共軍将校か」（朝日新聞）、「中共密貿易の本拠を急襲、麻薬で日共の資金？」（毎日新聞）、「密輸で国際共産党の資金？」（東京新聞）などである。中国を、「赤色」や「不法」「工作」「麻薬」といったイメージに結びつけ、華僑学生を孤立させようとしたのである。[31]この過程で会館と、満州国や中国人留学生との関わりは、徐々に人々の記憶から遠ざかっていった。

サンフランシスコ講和条約が発効すると、日本政府はGHQの清算停止指令を無視して会館の所有権を取り戻そうと動きはじめる。外務省は「財団法人善隣学生会館」を新設して留日学生会館の資産を移し、居住する華僑学生に賃貸契約に応じるよう求めた。華僑学生らは「法人設立無効確認訴訟」を起こしたが、華僑に訴訟資格がないとの理由で訴えは棄却された。外務省は、華僑学生を賃貸契約に基づかない「不法居住者」とみなし退去を求め、裁判所は強制執行を認めた。反発した華僑学生らは在日華僑や日中友好運動団体と協力し、「後楽寮を守る会」を作って対抗する。

華僑学生が会館を中国の財産とみた根拠は、会館の前身である「満州国留日学生会館」が皇帝溥儀の拠出金によりつくられた「満州国」の財産であるが、「満州国」が消滅した以上中国の財産となるのは当然であり、それゆえGHQも日本政府に清算停止指令を下したのだ、というところにあった。日本の外務省はGHQの清算停止指令はサンフランシスコ講和条約発効により無効となったと主張しているが、華僑学生らは同条約に中国（中華人民共和国）は参加も調印もしていないため、条約発効を根拠とした外務省の見解には説得力がないと主張した。[32] つまり会館をめぐる所有権紛争は「満州国」の評価を含む日本の戦争責任問題と結びついていたのだ。

そして「将来の国交回復後に両国政府間で決めてもらう」[33] ときまで財産権を留保するという妥協案を基に日中友好関連一八団体が調停に着手し、ついに一九六二年二月に華僑、日本政府、日中友好団体の三者会談で和解が成立する。[34] 和解の要旨は、①会館所有権は日中国交回復まで未定とする。②会館の管理権は財団法人善隣学生会館にあることを認める。③会館の三、四階は中国人学生の宿舎として使用する。④会館の一、二階は日中友好事業のために使用する。⑤日中友好と関係の無い団体・企業は会館より退去する、の五点である。

これを受けて理事会に華僑側が推薦する人物が合流し、会館には倉石語学講習会（一九六一年）、日中文化センター（一九六四年）、日中友好協会（一九六五年）、日中学院（一九六四年）などが順次入居して、名実ともに日中友好運動の拠点となったのである。[35]

和解の成立はもちろん華僑学生と関連団体の努力の賜物であったが、当時の政治情勢の変化で日本政府の姿勢が大きく変わったことも要因のひとつである。一九四九年に中華人民共和国が樹立してから一九七二年に国交が回復するまでのあいだ、日中交流が統制・管理されるなか、非政治的な交流は極めて活発だった。特に中国に敵対的だった吉田政権とは異なり、鳩山一郎政権と石橋湛山政権は対中政策に柔軟であった。もちろんそれは中国の対日平和政策があってのことである。中国で初めてできた対日関係の組織は周恩来が直接指導し、廖承志が具体的責任を負う「対日工作弁公室」である。一九五二年に民間貿易交渉の際に設置された。一九五四年には周恩来が「中国の人民は、軍国主義者と人民とを見分け、区別することができる」、「中日両国の人民が友好的に往来を進めれば、この〔軍国主義復活の—引用者〕危険は阻止することができる」[36]と述べた。和解は、中国側のこうした民間交流に対する意欲と日本政府の宥和政策に負うところが大きかった。

日本内で中国との民間交流を先導したのは主に革新陣営だった。日中友好運動七団体のうち、日本国際貿易促進協会（一九五四年）、日中文化交流協会（一九五六年）、日中友好会館（善隣学生会館を一九七〇年に改称）、日中友好協会（一九五〇年）はいずれも日本政府が中国に敵対的だった時代に設立された組織である。なかでも日中友好協会は、「一つの中国」「日米安保条約廃棄」「中国への賠償」を日中国交回復の前提条件とした代表的な団体である。共産党、社会党、自民党の中国派、新左翼の一部が、統一戦線を張ったのだった。善隣学生会館事件は統一戦線の中心だった日本共産党が離脱することを意味しただけでなく、一九四九年から二〇年間積み重ねた日中友好運動の成果を否定する事態でもあった。

ただし、こうした衝突にはもう一つ別な政治的背景もある。日本政府の方向転換がそれである。特に一九六四年一一月に登場した佐藤栄作政権は、岸信介がそうであったように中国封鎖と台湾重

善隣学生会館後楽寮。華僑学生側のスローガンが掲げられている（日本華僑華人研究会『日本華僑・留学生運動史』日本僑胞社，2004年，460頁）

視を鮮明に掲げて、台湾との経済協力を強化し、国際連合へ中華人民共和国が加盟するのを阻止しようとした[37]。これにより、様々な領域での日中間の民間交流が頓挫した。

善隣学生会館をめぐる日本共産党と華僑学生の衝突は、中国共産党と日本共産党の共共対立の反映であったが、同時に日本の戦争責任問題が建物の所有権問題に具現化し、一九六二年の妥協策の矛盾が露呈した事件でもあった。敗戦から一九五〇年代にかけては日本政府対華僑・日中友好団体だったのが、最終的に日本政府・日本共産党対華僑・日中友好団体へと変化したのである。初期の対立構図が植民地主義と結合した国民国家の論理と冷戦による陣営の論理の反映であったとすれば、一九六〇年代の対立構図は陣営内（共共）対立の論理が国民国家の論理（植民地主義）と結合しながら増幅したものであった。

所有権をめぐる対立は日中国交正常化以後沈静化するが、それは所有者が明確になったからではなく、「所有権保留」という一九六二年の妥協策を引き継いだからであった。一九八〇年、大平正芳首相は華国鋒首相との会談で、日中国交回復一〇周年記念事業の一環として善隣学生会館の地に「日中友好会館」を新たに建設することに合意する。そして一九八二年には会館の所有権を中国は「保留」し、日本は「言及しない」ことになり、一九八五年に新しい建物が竣工する。[38] 会館の所有権はいまも未確定なままだ。

3　結びに代えて

「交流」とは、基本的には一つの単位あるいは圏域と、他の単位あるいは圏域の間で行われる。よって交流を問題とするということは、圏域／単位間の移動を制限する壁を問題とすることである。圏域／単位が成り立つには、それを取り囲む壁がなければならず、壁を境界とした内外に差別性が存在しなければばならない。この壁がいかに低くなり、内外の差別性が弱まったとしても、交流が国民国家を前提とする以上、そこには国民国家それ自体を解消する力は生まれない。よって交流／反交流とは、いわば国民国家の主権を言い換えたものなのである。

だがこうした国民国家の論理に冷戦の論理が上書きされると、問題はさらに複雑になる。交流を遮る壁が国民国家の論理のみならず冷戦の論理と結合するからである。第二次世界大戦後に新たに作られた冷戦的世界秩序は、国家間関係を主権の論理だけでは説明できない条件を生み出した。よって交流／反交流とは主権の論理でありながらも、同時に冷戦の論理でもあったのだ。もちろん、両者は切り離すことはできず常に衝突したり融和したりするものだ。人・モノ・カネ・情報などの交流（移動）を遮る壁は、ひとまずは国民国家間の国境という形態で現れる。よって壁を低くしたり高くする際に動員される論理が冷戦の論理だとしても、それは国民国家という単位を通して表現され作動されるほかない。こうした意味で交流とは基本的に国民国家の問題である。

だが同時に交流／反交流の理念は、常に国民国家の論理でのみ説明できるわけではない。なぜなら複数の国家群が集まり同盟（連合）体制を作り、他の同盟体制と対立する場合には、同盟内に属す国家群を貫通し横断する共通の自己論理を持っていなければならないからだ。国家横断的な理念が必要なのだ。これを陣営の論理とするならば、国家間関係で交流と反交流を規定するものは、国民国家の論理でありながら、国家横断的な陣営の論理でもある。だからこそ国家間の敵対的な対峙状態を、国民国家と陣営という重層的な観点からみなければならないのである。

この問題意識を持って善隣学生会館事件をみると、国どうしの交流を阻んだ大きな要因は国家横断的論理、すなわち冷戦の論理だったことが明白である。一九四九年の中華人民共和国樹立から一九七二年の中日国交正常化まで、中国と日本はお互いを「潜在的な敵」と規定する状態にあった。この関係を毛里和子は「冷戦のただなか」と表現し、日中関係が東西冷戦、対米関係、台湾関係に制約されたと指摘する。(39) 政府の交流がないため善隣学生会館事件は公的な解決の糸口を見つけられず、徹底的に冷戦の論理に閉じ込められるほかなかった。

しかし、善隣会館をめぐる紛争が完全に冷戦の論理のみにより生じたともいえない。なぜなら善隣会館の所有権に対する日本政府の態度は、日本政府が侵略戦争をどうみているのかという問題と結びついているからだ。GHQが善隣会館の清算手続にブレーキをかけたことをみると、「民主化と非軍事化」というGHQの初期方針からみて、善隣会館が少なくとも日本の所有ではないことに異論はなかったようだ。よって日本政府が善隣会館に対する所有権を主張したことは、侵略戦争であったことを否定し、その戦争で取得した財産の「不当性」を認めない態度と密接に関わるものであった。こうした意味で、日本政府の態度は植民地主義と結合した国民国家の論理であった。よって善隣学生会館事件において日本共産党が動員した「主権論」と「日本人論」は、日本政府の植民地主義の論理とほとんど異なるところがなかった。

第二は交流の主体に関連する問題だ。政府間の公的交流が「不在」の状態において、交流はひとまず理論的には国家から自律的な市民によってなされるほかない。この場合、市民社会と政府は時には対立し、時には補完しあう。だが本質的には民間交流は公的な国家の交流を導きだすための「斥候」の役割を担うほかない。よって政府間交流のないときは交流の主体は必然的に民間であるほかないが、政府間交流が公的に動きだすことになれば、民間交流が政府間交流を誘う重要な役割を果たしたといえども、その役割は後景に退くか、政府間交流の「補完」に変わらざるをえない。

日中友好協会の設立に重要な役割を果たした言論人の岩村三千夫は、日中国交正常化は新しい市場を期待した政府と財界の成果とする巷間の評価を否定し、正常化を牽引したのは「時勢の変化」と日中人民の努力であったと主張する[40]。日中国交正常化が民間交流の積み重ねの実績とはかけ離れたところで行われたことはすでにみたとおりである。民間の役割は極めて限定的であった。

ここで第三の問題が発生する。民間という言葉で括られる政府とは独立した交流主体は、当然ながら一つの色だけを持つわけではない。日中友好運動には多用な政治的色彩を帯びた交流主体が参加していた。そのうち核心的な役割を担ったのは、言うまでもなく日本共産党である。だが前述したとおり、中ソの理念対立という世界的次元で進んだ「共共」対立は、この連携に致命的な亀裂をもたらす。加えて一九五五年の路線転換以後、議会制民主主義路線を採択した日本共産党にとって、プロレタリア国際主義は国民国家という体制の内部においてのみ、作動することが可能だった。国民国家の論理で武装した日本共産党は、冷戦期の中ソ間の陣営内対立という新たな事態に直面すると、「自主性」の名のもとに日本という国境の内側に「避身」することになる。この「避身」の結果が善隣学生会館事件であり、それゆえ共産党はこの事件に際し「主権論」と「日本人論」を立ち上げて戦争責任問題を回避し、日本政府と歩調を合わせることになったのである。

注

（1）竹内好「中国を知るために」（第九八回）、『竹内好全集』第一一巻、筑摩書房、一九八一年、一四二―

一四三頁。
（2）竹内好「一百一、迷惑」『竹内好全集』第一一巻、一六〇頁。
（3）竹内好「中国問題と日本人の立場」『竹内好全集』第九巻、筑摩書房、一九八一年。
（4）竹内好「周作人から核実験まで」『竹内好全集』第一一巻、二九五頁。
（5）竹内好「一百一、迷惑」一六三－一六四頁。
（6）坂口弘『あさま山荘１９７２』下巻、彩流社、一九九三年、九〇頁。
（7）山平重樹『連合赤軍物語　紅炎』徳間書店、二〇一一年、四五〇頁。
（8）永田洋子『続十六の墓標』彩流社、一九九〇年、八九頁。
（9）これについては原彬久『戦後史のなかの日本社会党』中公新書、二〇〇〇年を参照。
（10）例えば、「日中国交回復の実現に際して」（一九七二年九月二九日）、「尖閣列島問題に関する日本共産党の見解」（一九七二年三月三一日）、日本共産党中央委員会『日本共産党国際問題重要論文集』9、日本共産党中央委員会出版局、一九七五年を参照。
（11）竹内好「一百一、迷惑」『竹内好全集』第一一巻、一六〇頁。
（12）ＮＨＫ放送世論調査所編『図説戦後世論史』日本放送出版協会、一九八二年。
（13）内閣府「外交に関する世論調査」(http://survey.gov-online.go.jp/h25/h25-gaiko/zh/z10.html)。
（14）毛里和子『日中関係――戦後から新時代へ』岩波書店、二〇〇六年、九〇頁。
（15）『赤旗』一九六七年三月四日付（前掲「善隣学生会館事件の真相を探る」。http://home.a00.itscom.net/konansft/zenrin/sinsou/zenrinsinsou.htm［二〇一五年八月一七日確認］）。
（16）後楽寮自治会発行「日共修正主義グループの華僑青年学生に対する襲撃事件の真相」一九六六年三月（前掲「善隣学生会館事件の真相を探る」）。
（17）「日中友好協会襲撃に関する文化人三十五氏の虚構の〝声明〟に反論する」『日中友好新聞』一九六七年三月二〇日（『中国研究』八〇号、一九七七年三・四月、前掲「善隣学生会館事件の真相を探る」）。

(18) 中国共産党と日本共産党間の路線対立については、小島優編『日中両党会談始末記』新日本出版社、一九八〇年を参照。

(19) 一九六五年にも日本政府は、「日本の安定と公安を害する」との理由で中国訪問日本人に対する旅券発給を拒否したが、紆余曲折の末に旅券は発給されたことがある(「劫波を度尽て」『日中友好協会宮城県連結成50周年記念誌』二〇〇二年)。

(20) 一九四七年に「中国通訊社」として設立された後、亜細亜通信社となり、一九六七年に中国通信社に改称された。新華社通信社、人民日報、中国中央テレビ(CCTV)などの記事を日本の各メディアに配信する役割を担っていた。

(21) 日本共産党の妨害活動については日本中国友好協会(正統)中央本部編『日中友好運動史』青年出版社、一九七五年、および日中友好協会編『日中友好運動五十年』東方書店、二〇〇〇年を参照。

(22) 「日本中国友好代表団と中国日本友好協会代表団との共同声明」(一九六六年一〇月一三日)、日本中国友好協会(正統)中央本部編『日中友好運動史』二七二頁(前掲「善隣学生会館事件の真相を探る」)。

(23) 「日中友好協会襲撃に関する文化人三十五氏の虚構の〝声明〟に反論する」(前掲「善隣学生会館事件の真相を探る」)。

(24) 「在日華僑学生と対外盲従分子らの日中友好協会襲撃の真相」『赤旗』一九六七年三月七日(前掲「善隣学生会館事件の真相を探る」)。

(25) 「外国勢力による干渉と暴力は許せない」『日中友好協会』一九六七年三月三〇日(前掲「善隣学生会館事件の真相を探る」)。

(26) 寺尾五郎『日中不戦の思想』亜東社、一九六七年、第一章を参照。

(27) 後楽寮自治会発行「日共修正グループの華僑青年学生に対する襲撃事件の真相」(前掲「善隣学生会館事件の真相を探る」)。

(28) この会館の名称の変化は、そのまま日中関係の変化を示している。満州国留日学生会館(一九三五年六月

〜一九四四年二月)、満州国留日学生補導協会(一九四四年三月〜一九四五年)、中華学友会館後楽寮(一九四六年一月〜)、善隣学生会館(一九五三年三月〜一九八七年)、日中友好会館(一九八七年〜現在)。

(29) 中国および満州留学生に対する日本側の管理政策については、河路由佳「戦時体制下の在日留学生教育」『インターカルチュラル』第一巻、二〇〇三年を参照。

(30) 日本華僑華人研究会編『日本華僑・留学生運動史』日本僑報社、二〇〇四年、六八-六九頁。

(31) 以上については同右を参照。

(32) 同右、一九二頁。

(33) 同右、一九一頁。

(34) 同右、一八六-二〇〇頁。

(35) 光岡玄「善隣学生会館流血事件の意味するもの」中国研究所『中国研究月報』一九六七年三月。

(36) 毛里和子、前掲書、二四頁。

(37) 日中友好協会編『日中友好運動五十年』一八三-一八六頁。

(38) 一九八二年一〇月に中国側が提示した「七項目」は次の通りである。①新しい会館の目的が、日中友好の目的と合致するなら「善隣」に対する財産権は棚上げする。②従来の使用者の権益は守る。③土地および建物は売却しない。④新しい理事会に一定比率の華僑代表を入れる。⑤新しい理事会に中国代表も入れる。⑥新館建設案の作成および新理事の任命は善隣理事会を中心に行い、しかるのちに日中両国政府で合意を得る。⑦五億円の資金を出す(河本俊雄「中国侵略・敵視・蔑視の象徴「善隣学生会館」=「日中友好会館」構想の疑点をつく」『アジア経済旬報』第一二六八号、一九八三年八月、一四-一六頁)。

(39) 毛里和子、前掲書、第一章参照。

(40) 岩村三千夫「日中友好の新段階」『中国研究月報』第三〇〇・三〇一号、中国研究所、一九七三年。

第四章　国境内で「脱／国境」を想像する方法

日本のベトナム反戦運動と脱営兵士

はじめに

「よその国の戦争のことなんか忘れちゃいなさい。誰も口でいうほど本気にしちゃいないのよ。本気にしたら寝ていられないはずだわ。あそこのことをみんなが大きな声でしゃべるのは遠いよその国だからなのよ。政治問題は遠い国のことほど単純に、壮烈にしゃべりたくなるものなのよ。自分の国のことになると一ミリの振動でもびくびくしてたちまち口ごもってしまうくせに、そうなのよ。つまり、きれいに苦悩できるのよ。これは魅力だわよ。責任をとらずに雄弁がふるえるんだし、それでどちらから殺されるということもないんだから、魅力よ。そこへいってあなたが命をかけて事実をつかんできたって、左右ともに自分の気に入った部分を読んで宣伝に使うか自己満足に使うかだけ［…］要するに役者芝居の見物人とおなじことよ。［…］要は歴史の消耗品よ。」

［…］

これは日本人の戦争ではないのだ。［…］日本人の戦争であってほしかった。国歌の強制や命令や要請であってほしかった。憎悪や絶望に根があってほしかった。(1)

現地取材を基に一九六五年に『ベトナム戦記』を刊行し、ベトナム反戦運動へと飛び込んでいった小説家・開高健（一九三〇〜一九八九）が、一九七二年に発表した小説『夏の闇』の一節である。開高に代表される当時の「普通の日本人」にとってベトナム戦争は、トーマス・ヘイブンズの表現を借りれば、日本から二五〇〇キロも離れた「海の向こうの火事」であった。(2) また、これを眺める日本人の視点は、吉本隆明の表現を借りるならば「第三者の眼」でしかなかった。このため吉本は日本の反戦運動を「進歩派」たちの「ベトナム祭り」と嘲笑った。(3) しかし開高の苦悩や吉本の嘲笑をよそに、「日本人の戦争ではない」ベトナム戦争に日本社会は沸き立った。「第三者」的位置にあった「普通の日本人」たちが「海の向こうの火事」であったベトナム戦争に沸き立ったゆえんはどこにあるのか。

ベトナム戦争が日本にとって「良心と財布の両方を満たす」出来事だったというヘイブンズの指摘は、ひとつの解答になるだろう。(4) ベトナム戦争は戦争特需に沸く資本にとっては「財布」であったし、反戦運動にとっては「良心」であった。「財布」と「良心」という矛盾する渦のなかに日本社会は置かれていた。一九五〇年代初頭の朝鮮戦争や「韓日国交正常化」の際も同じ矛盾のなかにあったが、ベトナム反戦運動のように社会が「良心」の問題をめぐって沸き立ちはしなかった[5]。本章では一九六〇年代日本の「良心」を導いたベトナム反戦運動を扱う。

日本のベトナム反戦運動の中心は、一九六〇年の安保闘争の際に結成された「声なき声の会」を母体とし、哲学者の鶴見俊輔、政治学者の高畠通敏らが作家の小田実を立てて一九六五年四月二四日に発足した「ベトナムに平和を!市民文化団体連合」であった。この団体は「来る者拒まず、去る者追わず」という、自由・多様性・自発性を基本原則とした。既存の組織とは異なる自発的な個人によるネットワーク型「運動体」であるとの評価に違わず、その後、組織の名称から「団体」を外し、一九六六年一〇月一六日に「ベトナムに平和を!市民連合」(以下、ベ平連と略す)へと改称する。ベ平連の政治的、組織的性格は多様であり、一言で定義するのは困難である。共産党から除名された構造改革派と親ソ派の活動家が結成したとされる共産主義労働党(共労党、一九六六年一一月結成)系列の人物が多数含まれているかと思えば、共産党や階級的左翼を嫌悪する小田実のような若いリベラル知識人もおり、新左翼諸党派の若い活動家も数多く加わっていた。また、一九五〇年代以降に現れはじめた市民運動の流れもベ平連へと収斂していった。このため共労党系列の参加者である武藤一羊は、ベ平連運動を「党派系列化」という既存の流れを変えた「価値空間」として位置づける[6]。

ベ平連については膨大な一次資料や回顧録などが刊行されているが、本格的な研究は多くない。石田雄はベ平連について二つの特徴を指摘している。[7]第一は、被害者であると同時に加害者であるという日本社会の両面性を、理念や思想のかたちで運動のなかに具現したことであり、石田はこの点にベ平連の歴史的意義を置く。ここでの加害者性とは、米国に基地を提供しナパーム弾をはじめ大量の武器生産に加担することにより経済的富を得ている受恵者としての側面である。被害者性とは、日米安保条約のような不平等条約により米軍への基地供与を強要される「植民地的状況」に置かれた日本の姿である。これは、ベ平連運動を加害者意識と被害者意識の結合とみる、ベ平連代表・小田実の見解に従ったものだ。小田実は、第二次世界大戦時の日本人の死を「散華」や「玉砕」のような英雄的で愛国的な死として飾り立てる国家権力に対し、戦場での死を「無意味な死」と位置づけこれを「難死の思想」[8]へと集大成させた。小田によれば、日本人は「ベトナム人に対して悪い行為をなしている」加害者であると同時に、「アメリカに対して被害者の立場に立って」もいる矛盾に直面していた。小田はこの矛盾から抜け出すためには「被害者の立場からものごとを論ずるのではなくて、自分が加害者となり得たかも知れない」という考えを持ち、「戦争、あるいは国家権力という加害者に対して［…］はっきりした反撃を加えなければいけない」と主張した。[9]

第二には組織上の特徴である。既存の社会党や共産党、総評などの労働組合、数多くの新左翼セクトとは異なり、ベ平連は綱領も会費も無い下からの自発的な組織であった。石田はドイツの神学者トレルチ（Ernst Troeltsch）の組織論を引用して、ベ平連を従来の教会型（位階的秩序）とは異なるセクト型（縦的な命令系統のない横的な個人の集まり）組織であると評する。このような組織形態（ベ平連は組織ではなく「運動体」という言葉を好んで使ったが）はもちろんベ平連が初めてではない。一九六〇年代の安保闘争の現場で「所属」の無い個人が集まり作った「声なき声の会」[10]や、一九五四年にビキニ環礁での水爆実験によって日本のマグロ漁船が被曝したことに抗議するため、東京・杉並区の主婦たちが中心となり進められた反核署名運動がすでにあった[11]。こうした非組織的な個人のネットワーク型運動体としての性格がベ平連に継承されたのである。これはベ平連の運動方式にも表れている。小熊英二は米国の新聞に反戦広告を出すなどの新しい活動を展開するベ平連について、「情報産業にきわめてよくマッチした運動」とした当時の報道や、「全共闘運動やセクトとも異なる、独特の性格と位置をもつ存在」、「新しい型のコミュニケーションを作り出す運動」とした名古屋ベ平連の自己評価[12]を紹介している。松田道雄は、社会党や共産党のような既成の進歩政党が一九五〇年代に体制内化したために噴出口を見出せていなかった変革の熱気を、ベ平連が吸収したとみる[13]。また、平井一臣は運動の担い手という側面からみて、六〇年安保闘争を経験した既存の社会運動世代と、高度成長期に新たに運動を経験した世代がベ平連で結合した点に注目し、「戦後日本の社会運動との連続と非連続の両面を備えた運動」と評価する。さらに既存の中央中心の運動とは異なり、自発性の原則に従い地域ごとに自発的な形態で組織されたベ平連が実に三八三にのぼったことも特徴としてあげている[14]。

こうしたベ平連の特徴を念頭に置きつつも、本章ではベ平連傘下の「ジャテック」（後述）が主導した脱営米軍兵士に対する非合法「密航」支援運動を分析する。[15] 規約も、綱領も、会員も無い緩やかなネットワーク型のべ平連の運動のうち脱営兵士の海外「密航」支援を扱うのは、これが最も核心的な活動だったからである。べ平連の核心的価値である「国家を越える個人の原理」に最も忠実な国際主義的な活動であったと同時に、日本の社会運動史上、こうした国際主義な運動はきわめて珍しかったからでもある。

1　ベトナム反戦運動と脱営兵

ジャテックの発足と性格

べ平連で脱営および反戦米軍兵士を支援する運動を担った組織がジャテック（JATEC, Japan Technical Committee to Aid Anti War GIs. 反戦米兵援助日本技術委員会）である。ここで注目するべきは「技術」という言葉である。この単語を使用した経緯は文献上は明確ではない。ただ、エジプト出身者でフランスにおいてアルジェリア民族解放運動を支援したアンリ・キュリエル（Henri Curiel, 1914–1978）が、立教大学教授からジャテックの責任者へと転身したフランス文学者・高橋武智に語った次の言葉は示唆的だ。

［アンリ・キュリエルはこう言う──引用者］「ぼくらはあらゆる第三世界の民族解放運動に援助の

対象を広げた。イデオロギーは問わない。真面目なものでありさえすれば、ぼくたちは支援する。ぼくたちのあらゆる過去の活動を総括して、そのなかから役に立ちそうな知識や技術を系統的に整理・蓄積し、できるだけ効率的に活動家を教育する。通信・輸送・移動手段の確保、闘争における地図の重要性、地球規模でのプロパガンダの援助などなど……」。〔高橋のことば―引用者〕要するに、彼らには第三世界の運動を政治的・イデオロギー的に指導する意図はなく、ただ技術面にかぎって活動家を教育・養成することに集中する。(16)

アンリ・キュリエルが高橋にこう述べたのはジャテックの発足後なので、これがジャテックの名称の起源ということはない。ただ、一九六〇年代のフランスで展開されたアルジェリア民族解放運動の支援やベトナム反戦運動の経験が、どのようなかたちであれ日本に伝達された可能性は高い。べ平連は発足当時から米軍兵士の脱営と非合法「密航」を主たる運動課題と想定していたわけではない。在日米軍に脱営を勧める宣伝活動を始めたのは、記録によれば、一九六六年一二月一〇日に横須賀米軍基地周辺で配布されたビラ（「日本からのアメリカ兵士へのメッセージ」）が最初だ。(17) べ平連発足から一年以上も経っていた。このビラでは、一九三一年の満州事変が第二次世界大戦へとつながることを当時予測できず、防げもしなかった日本の経験を反省しつつ、アメリカ兵に、上官や大統領に反戦の手紙を送ること、部隊内で集会を開催し大衆的な示威行動に参加すること、ストライキやサボタージュをすること、脱営すること、「良心的兵役拒否」を断行することなど、五つの反戦の手段を呼びかけている。この声明がいかなる経緯で作られたかは定かではないが、同年八月にあった「ベトナムに平和を！日米市民大会」でなされた約束を具体化したものであることは間違いない。[18]米国の反戦運動の影響が大きかったのである。ただ、ここで言及された「脱営」が具体的に実行に移され、脱営兵がベ平連の面前に実際にあらわれることまでは予想できなかった。[19]宣伝活動は沖縄の瑞慶覧基地、東京の立川基地、山口の岩国基地へと拡大した。この過程で「考えてもみなかった」米軍兵士がベ平連の目の前にあらわれる。横須賀米軍基地に停泊中であった航空母艦イントレピッド（Intrepid）から、一九六七年一〇月二三日に四人の兵士が脱営し、紆余曲折の末にベ平連に助けを求めたのである（発表は一一月一三日）。四人の米軍兵士のため、ベ平連は横浜港で乗客面会のために発行される「面会乗船券」（Visitors Pass）を貿易業関係者より入手し、四人は横浜からソ連のバイカル号に「秘密」乗船してソ連へと脱出する。[20]「イントレピッドの四人」の出現は、その時まで抽象的に考えてきた脱営が、具体的な形をとった事件であった。さらに、後述する韓国軍兵士金東希や韓国人米軍兵士金鎮洙らの脱営問題も浮上した。これによりベ平連は公然と活動する組織で緩やかな運動体では対応不能との判断をくだす。ただ、ベ平連支持者のなかでも脱営兵支援をめぐって多様な意見があった。ベトナム戦争には反対するが脱営兵支援には同意しない人もいたのだ。このためベ平連内に大衆団体として「イントレピッド四人の会」を結成し（一九六七年一二月二日）、専門家組織としてジャテックを設立することになった。では、ベ平連、イントレピッド四人の会、そしてジャテックの役割分担はどうなっていたのだろうか。小田実の回想を聞いてみよう。

「四人」が出現して来たあと、私たちは、その「私たち」の意義の追求を通じて、二つの運動をかたちづくっているひとつは、「JATEC《ジャテック》」［…］、もうひとつは「『イントレピッド四人』の会」だが、前者がまさに「脱走兵をかくまい、国外に送り出す活動家の集まりなら、後者は、それを支えるより広い範囲にわたる市民の集まりだった。そして、その二つをさらに大きく支えるかたちで、それこそなかには「脱走兵」援助という活動を支持しない人たちをふくめて活動をつづける「べ平連」全体の運動がある。(21)

大衆組織のべ平連、脱営兵支援のための公開組織のイントレピッド四人の会、非合法秘密組織のジャテックという、いわば三重構造だったわけだ。イントレピッド四人の会に参加したフランス文学者鈴木道彦は、この会を資金を集めてジャテックに送る「表と裏の活動の接点」(22)だったと回想している。べ平連／ジャテックは、これより一九七〇年代初頭までのあいだ、多数の脱営米軍兵士を保護し海外へ安全に送る運動に奔走することになる。最初は「横浜ルート」と呼ばれる横浜→バイカル号（ソ連定期旅客船）→ソ連→スウェーデンの経路で四人を、この経路が塞がれた後は「北方ルート」と呼ばれる北海道根室→密航漁船→ソ連艦艇→ソ連→スウェーデンの経路で一三人を（このうち一名はモスクワで米国大使館に自首）、そして一九七〇年代初頭には偽造旅券を使用して羽田か

伊丹空港↓フランスの経路で二名をそれぞれ亡命させた。(23)

しかし、ベ平連／ジャテックが総じて「国境を越える（国家から解放される）感覚」を抱き、「国家を越える個人の原理」に基づき脱営兵と向き合ったとしても、それがただちに「国家という枠」が現実の運動に及ぼしている制約から自由であったということにはならない。これは、脱営兵それぞれが異なる環境で育ち多様な性格を持っていたことだけを指摘したいのではない。国籍を含む法

『脱走兵通信』第２号の表紙（1969年8月18日付）

的条件が脱営兵の「運命」を強く規定していたのはもちろんだが、べ平連／ジャテック運動もこうした制約から自由ではなかったのである。脱営兵はいずれも、ベトナムを経験し日本で脱営を敢行した米軍軍人である点は同じだったが、出身地域と国籍は様々であった。もちろん米国国籍者が多かったが、プエルトリコ、韓国、日本出身者も混在しており、上海で生まれ台湾に移住した後、小学校時代に米国へと渡り徴兵された欧陽約才のような者もいた[24]。ベトナム派兵命令を避けて脱営した後、日本へ密航した韓国人兵士もいた。しかし従来の研究や回想は、米軍脱営兵をひとつのカテゴリーに括り、べ平連の「国家を越える個人の原理」がいかに貫徹されていたかに焦点を合わせてきた。よって本章では、脱営兵たちが置かれていた多様な法的条件が、べ平連／ジャテック運動の「国家を越える個人の原理」をどのように制約したのかをみてみたい。

米軍脱営兵と「国家を越える個人の原理」

脱営兵支援運動とは、ベトナム派兵を拒否して米軍基地などで脱営を敢行した米軍兵士を保護し、安全かつ非合法的に第三国へと退避させる活動をいうが、この運動についての先行研究はそれほど多くない。本格的な研究としては大野光明によるものが唯一である。脱営米軍兵士支援運動と米軍解体運動を分析しジャテックを「越境する反戦運動」と位置づける大野は、この運動に関わった人々が脱営米軍兵士との「出会い」を通して気づいた日本人の主体化をめぐる問題を次のように位置づける。

脱走兵や反戦米兵を支援した人々は、国家によって「他者化された自分」という主体に気付き、異なる主体性を取り戻していくような経験をしていたといえるのではないか。すなわち、自分自身が国家のイデオロギーにより主体化していることを意識化し、相対化し、異なる生へと逸脱していく――物理的な脱走ではなく、思想や主体性のレベルでの逸脱という意味での〈脱走〉へと向かう――主体の変容過程であった。

ジャテックという場で生成した脱走兵支援運動・米軍解体運動の経験は、フェンスを越えて、米兵と連帯する中で、戦争を遂行する国家が自らの主体と密接不可分であることを可視化したと言える。その運動経験の中で、人々は国家イデオロギーにまるごと組み込まれている生から〈脱走〉する自らの主体性の変化に気付くにいたったといえるのではないだろうか。[25]

「国家を越える個人の主体化」という大野の解釈は、ベ平連/ジャテックに関する思想的分析ではよく見られるものだ。道場親信もベ平連/ジャテックを「「市民」の国境を越えた連携によって国家権力・国家原理を超える」ものとしている。[26] こうした見解は当事者たちの回想でも頻繁に登場する。一九六九年に行われた座談会で、ある参加者も同様の趣旨で語っている。

脱走兵を扱った時、自分も脱走兵になっているんだという気がするんですよ。[…]脱走兵というのは、安全な思想を持ち、安全な生活をしている人がお金を出して、「ニューヨーク・タイムズ」に反戦広告を出すというのとはややちがって、自分自身が脱走している。つまり、その時は、現世的秩序から時間的・空間的、あるいは政治的に出ているんだ。その時、非常に孤独感と勝利感と猜疑感とがないまぜになる［…］いわば「脱走的人間」というものが居てね。(27)

「国家から脱走する」米軍兵士との「出会い」を通して自らも国家から「脱走」している感覚が、すなわち「脱走的人間」という主体を獲得しようとする心情が、ジャテックの当事者たちに共通していた。べ平連事務局長でジャテックで中心的役割を果たした吉川勇一も、「べ平連は市民運動を自称」しながらも「国境や国という概念を越える運動」を「切り拓いた」と評価する。何より「国家という枠を捨てて、民衆同士の連携を探ったのは［日本に―引用者］前例の無い」ものであり、この運動の意義は「国家というものを相対化して、個人の自立と自覚によって組みたてる運動が、初めて大衆運動として成立しえた」ことと、「自己の良心なり自覚のほうが、国家の法律より優先する」としたところにあったと語る。(28) 主導的なメンバーの一人でNHK出身の評論家・小中陽太郎は、脱営兵支援運動が米軍の士気を落すうえでとても効果的で、ベトナム人民に対する日本社会の加害責任を軽減させるのみならず、運動それ自体が「国家をこ《ママ》える個人の原理」に忠実であったと指摘する。(29) また、同じく運動の中心人物であったフランス文学者海老坂武は、「集団の体験から自己の体験を断ち切り、国家イデオロギーによって他者化された言語を自分の思考から排除していく」営みであると語る[30]。こうしてみると、べ平連の多様な反戦活動のなかでも、「国家をこえる個人の原理」を最も忠実に体現したものがジャテックであったといえる。つまり「最もべ平連らしい活動」だったわけだ。

脱営兵支援運動は、一九七〇年代には山口県岩国海兵隊基地内で反戦活動を展開する米軍兵士を支援する「米軍解体運動」へ発展するが、一九六〇年代後半は、脱営米軍兵士を安全に海外へ脱出させることが主な活動であった。日本では前例がなかったが、米国、西ドイツ、フランス、スウェーデンなどでは一九六〇年代半ば以降非常に活発に行われていた。ただ、諸外国の運動が自国内への「亡命」を選択肢に含めていたのに比して、ジャテックは海外脱出に重点を置いた[31]。日本への「亡命」も検討したことはしたが、現実的な制約のために放棄したという。

このように脱営兵を海外へ安全に逃れさせるジャテックは、一種の「運搬者（porter）」の役割を担ったといえる。似たような活動としては、フランス革命期にイギリスへフランス貴族を脱出させた「紅はこべ（Scarlet Pimpernel）[32]」、スペイン内戦や第二次世界大戦期の「児童輸送（kindetranport）[33]」、南北離散家族を「配達」する映画「豊山犬」（二〇一一年、チョン・ジェホン監督）に描かれたような活動、あるいはアルジェリア民族解放戦争の際に脱営した自国の兵を支援したフランスの運動が挙げられるだろう。いずれの活動も国境を非合法的に越えるため、自らの属する国家への「背反」をともなう。

脱営とは兵営から脱け出す行為であるため、韓国では単に国内の問題であると考えられがちである。だがそれは、自らの属する国家に敵対的な行為であるため、国境を越えた思考と行動をともなわざるをえない。さらに、ベトナム戦争に介入した米軍がそもそも主権を「自由に」越える脱国境的な存在であった以上、米軍を抜ける行為は国境を脱する行為をともなわざるをえない。よって脱営とは、本人の意図とは無関係に、それ自体が本質的に国家に敵対する行為なのである。脱営＝脱国境と国家は両立しえないのだ。日本に渡った朝鮮人密航者を分析したキム・エリムは、密航を国内秩序だけでなく国家間秩序を破壊する犯罪行為であり、国民国家の領土・主権をめぐる公的秩序を脅かすものとみなしている。[34] これは密航がたんなる身体の移動にとどまらず、反国家的意志を内包せざるを得ないためである。大学在学中に主要メンバーとしてジャテックに関わった文化評論家・室謙二は、こう回想する。

反戦脱走兵はアメリカ国家を離脱して、ソ連国家の一員になるわけでも、スウェーデン国家の一員になるわけでもなかった。国家の外に出てしまった。そのことは脱走兵を助けるソ連という国家にとっては問題であった。「アメリカからの脱走兵」は政治的にはいいが、国を離れる行為でもある脱走自体は、それは国家そのものを批判する行為と思想でもあるので、既存の国家はそれを認めることができない。同じことが自国で起こったなら、つまり脱走兵は厳罰である。[35]

また、小中陽太郎も似たような趣旨の発言をしている。

「国家を越える個人」という原理〔…〕それはことばでいうほど簡単なことではない。〔…〕単にアメリカの軍隊を越えるばかりでなく、およそ軍隊なる存在を越える行動であろう。社会主義国は喜んでどんどん私たちを助けてくれるがごとく私たちは言っておりますが、現実的には、世界の戦争国家、軍隊を持っている国家はそんなに喜んで心から、敵兵とはいえ引き取らない。これは本質的に「軍」を壊滅させる思想であるからです。さて、私たちの憲法は軍隊を否定しているわけですが、それだからこそ私たちはまさに世界でもユニークな運動をしているわけです。どこか一国のために、どこか一国を助けているのではない、世界の大国というもの、あるいはすべての国家というものに対して裸でぶつかっているのだと思います。(36)

すなわち、脱営＝脱国境は、ある国家から別の国家へとその身体を安全に移動させる技術的な問題でありながらも、地球上に存在するあらゆる国家に敵対する認識を獲得する行為であるというわけだ。よって脱営の主体である米軍兵士が、米国という国家に敵対的である以上、「国家を越える個人の原理」に立脚し、彼らを日本国内で支援し非合法的に海外へと密航させるべ平連／ジャテックの行為もまた、日本という国家への敵対性を前提にせざるをえない。形式論理でみれば、脱営主体である米軍兵士の行為を助けることにより、べ平連／ジャテックも国家を越える主体を獲得するのである。

ある国家の国民をやめる行為は、少なくとも理論上はただちに他の国家の国民になることを意味するわけではない。だが現実には、ある国家から脱け出る際には、他の国家の構成員へと編入されることを考慮せざるをえない。いかにジャテックが「個人の自立」に立脚して活動したとしても、脱営兵士を安全な第三国へ逃れさせるには、第三国の同意がなければならない。べ平連事務局長であった吉川勇一が「脱走兵を助けてくれるなら、悪魔の手だって借りたいという気分だった[37]」と語ったのは、その困難を自覚していたためである。だからこそ、経由地ソ連に事前に接触し、あくまでも個人の意志に基づいていて国家は無関係であることを説明して、同意を得る必要があったのだった[38]。

では脱営兵たちが脱営を国家に対する明白な敵対行為と認識していたかというと、必ずしもそうではなかった。イントレピッドの四人は合同声明において、ベトナム戦争を「貧困に打ちひしがれた農業国を組織的に爆撃し、人を殺し民間人を無用に虐殺」する「犯罪」と規定し、「ベトナムをベトナム人のみずから決するところにまかせなければならない」と述べた。また「歴史を通じて、脱走兵という名称は、卑怯者、裏切り者、余計者などに冠せられてきた」が、自分たちは「愛国的脱走兵」であるとしている[39]。実際、彼らは各種の声明や手記を通じて、米国という国家を否定するのではなくベトナム人民を虐殺する米軍の軍事的介入に反対する意思、ベトナムの運命はベトナム人民に任せるという民族自決主義を支持する考えを明らかにしている。国家そのものを否定するのではなく、他の国家に対する不正義な主権侵害を否定しているのである。このため日本の市民も、脱営を不正義な国家に引きずられることを拒否する個人の自立と理解した。こうして、日本軍以来の「伝統的」な「脱営兵＝臆病者[40]」というイメージは、自立的で勇気のある個人というイメージへ変わっていった。

米軍という「幽霊」と「逆転した不平等性」

すでに指摘したように、脱営兵士の一部は日本への亡命を希望しており、逃亡中に英会話教室を開くなど、日本で暮らす準備をする者もいた。イントレピッドの四人も声明で「日本もしくはこの戦争に関係していない第三国に政治的保護を求め」ていた。このうち、クレイグ・アンダーソンとジョン・バリラは日本への亡命に積極的であり[41]、後に逮捕されて米軍に引き渡されるダニエル・デニスとピーター・ジョンソンも日本亡命を求めた。しかしこの希望は叶わなかったばかりか、ジャテックが積極的に亡命を実現させようとした形跡も見いだせない。イントレピッドの四人が密航に成功し、モスクワに無事到着したと公表する際、べ平連は「国民の多くのベトナム反戦感情にもかかわらず、日米安保条約、ならびに関連諸協定と、佐藤政府の対米協力政策によって、日本は彼らのまったく人間的な希望をかなえることのできる土地ではなかった」、「日本政府が政治的亡命を許容する法的制度をもつことを、日本国民の一員として強く要望」するとの声明を発表した[42]。日本政府は実際、イントレピッドの四人について「[米軍の─引用者] 逮捕要請があれば協力、脱走米兵、政府、亡命は認めぬ[43]」との意志を表明していた。一九五一年に制定された難民条約（United Nations Convention Relating to the Status of Refugees）を日本が批准したのは一九八一年であり、当時日本に政治難民を含め亡命制度がなかったのは事実である。このように法的に限界があったため、ジャテックは日本亡命ではなく海外へ脱出させることを目標としたのである。

しかし、忘れてならないのは日米地位協定の問題である。一九六〇年に改定された日米安保条約第六条を根拠とする日米地位協定第九条第二項では、「合衆国軍隊の構成員は［…］外国人の登録及び管理に関する日本国の法令の適用から除外される」と定めており、米軍軍人と軍属やその家族には外国人登録の義務が無かった。さらに米軍軍人・軍属の日本出入国は、出入国管理令（現在の出入国管理及び難民認定法）の適用を受けない。日本の行政当局が米軍軍人・軍属の居住を把握する方法は無く、彼らは日本の外国人統計から除外されていた。また、日米地位協定を根拠に制定された刑事特別法（一九五二年制定、一九六一年改定）は、日本に対し米軍兵士の逮捕協力と米軍への引渡義務を課している。言うなれば、在日米軍は日本にいながらも日本の主権外にいる「幽霊」なのである[44]。このため日本は米軍の要請により脱営兵を捜査して逮捕し、米軍に引き渡す義務を負うが、彼らを匿ったり脱走を幇助する「日本人」を処罰できない。なぜなら米軍と軍属は外国人登録法と出入国管理令の外にいる「幽霊」だからである。このため、ジャテックをはじめ脱営兵支援に関わった日本人が出入国管理令違反などの理由で逮捕、起訴されたことはない。もちろんジャテックは、脱営兵を保護し海外へ密航させる行為が日本の法令に違反しないとあらかじめ認識していたわけではない。イントレピッドの四人が現れてすぐに、べ平連事務局長吉川勇一が弁護士に相談したところ、彼らを支援しても日本の法令に違反しないと確認したのだという(45)。

だとすれば、地位協定と刑事特別法は米国による日本の主権侵害という点で日米関係の「不平等性」を明白に示すものでありながら、脱営兵とこれを助ける日本人にとっては逆の意味で「不平等性」を表した。脱営兵は米国法令により処罰を受けるが、脱営兵を助けた日本人はなにも処罰を受けないからである。脱営兵と日本人のこうした「不平等性の逆転」は、戦場と安全地帯日本の不平等性へと発展する。脱営兵支援運動に加わった本野義雄は、一九六八年三月に脱営兵エドウィン・アネットがベトナム戦争で人を殺した経験を告白したのに対し、はじめは拒否感を抱いたが「私は、自分が戦場から遠く離れた、あらゆる意味で安全な場所に居て、そこから精神も肉体もばらばらにされて帰って来た男を、保護者づらして迎えているいやなやつのような気がした。どう考えても、自分に彼を非難する資格があるとは思えなかった(46)」という。劇作家の斎藤憐も次のようにいう。

沢山の戦記文学や遺稿集を読んで、戦争の悲惨さと国家による正義の前に個人の力がいかに小さなものであるかを理解したつもりでも、アメリカに作ってもらった憲法のお陰で戦場に行かされずにすんで来た僕には、彼［脱営米軍兵士―引用者］の生理的恐怖は理解できなかった(47)。

脱営兵を保護し安全に海外へと「密航」させる行為は、戦場を経験した米軍兵士と「アメリカに作ってもらった憲法のお陰」で「安全な場所」に立っている日本人の間に発生する経験の非対称性に依拠している。これは助ける側と助けられる側の間に生じる一般的な問題でもあるが、経験の非対称性が「逆転した不平等性」により増幅されていることも同時に指摘せねばならない。ベ平連／ジャテックの行為はそれ自体としてみれば、日本という国家に、あるいは政府に「敵対」する行為である。しかしその敵対行為が、自分の属する国家の植民地的状況＝主権侵害という条件により制裁を受けないという逆説のなかで、「国家を越える個人の原理」は実践できたのである。

一三人の米軍脱営兵をソ連に脱出させた北海道根室ルートの開発と運用には、「レポ船」が決定的な役割を果たした。レポ船は、ソ連がクリル列島の四つの島（いわゆる「北方領土」）を占拠して以降、日本の情報を提供する対価としてソ連「領海」での漁業権を保障されていた。日本とソ連の領土紛争がもたらした冷戦のすき間が主権の一時的な真空状態を作り出し、レポ船の航路が米軍脱営兵の密航ルートになったのである。根室ルートがソ連の幇助ないしは協調を前提としていた以上、「冷戦のすき間」を作り出したのがソ連であったことは明らかだ[48]。

しかし根室ルートの開発と運用に国会議員、市議会議員、地域の漁民らの積極的な協力があったことも忘れてはならない。こうした「普通の日本人」の協力の根底に、残酷な戦争体験に基づく「国家を越える個人の原理」が横たわっていたことは明らかである。米軍脱営兵の行為に同調する「国家に頼らずに、亡命者をかこっていくような空間[49]」としての「人民の海」が存在していたのである。だが、彼らの協力により「人民の空間」が成り立つ前提として、前述した「逆転した不平等性」が不可欠であったことも念頭におかねばならない。脱営を支援した日本人を、日本の国内法は処罰できなかったからだ。「普通の日本人」の協力は「逆転した不平等性」により保護されていたのである。もちろん脱営兵と共にジャテックが処罰のリスクを共有したことがなかったわけではない。根室ルートが日米合同作戦により瓦解したいわゆる弟子屈事件[50]の後、ジャテックが偽造旅券を作り米軍兵士二名を航空便でフランスへ亡命させた事件がそれである。しかしこの大事件にはごく少数の活動家しか関与しておらず、事実の全貌が公表されたのは二〇〇〇年代に入ってからだった。[51]

2　国籍という「怪物」

日本人という「鏡」：日本人脱営兵・清水徹雄

ところで、ジャテックが支援した米軍脱営兵のうち唯一日本に居住（「亡命」）できた事例がある。日本国籍をもっていた清水徹雄である。[52]清水は一九四五年三月三一日に広島で生まれ、生後五か月で被爆者になった。広島で高校を卒業後、中央大学商学部に進むも二年で中退する。その後、清水は米国留学を決心、一九六六年五月に親戚を訪問するため観光ビザで米国に入国し、一九六七年七月に徴兵検査を、九月に徴兵通知を受けた。在米日本領事館に助けを求めたが拒絶された清水は、帰国か入隊か選択を迫られた。米国生活に満足していた彼は、軍歴が市民権の獲得に有利であると判断して一〇月二五日に徴兵に応じる。そして六八年四月四日にベトナムに派兵され、九月五日に休暇の際に立ち寄った日本で広島べ平連と相談した後、脱営を決行したのだった。[53]

その直後の九月一六日に発表した声明で清水は、ベトナムを直接経験するなかで、「日本人である私がどうしてベトナムで殺しあわなければならないのか」と疑問を抱き、「日本人である私は、平和憲法をもつ日本で、私は、まったく自由に、平和な市民としてくらす」権利があることに気づいたと告白した。[54]そして戦争について真剣に考えず「平和憲法をもつ日本人としてあまりにもたやすくアメリカの軍隊に入ったこと、そのことをいま深く反省」していることを明らかにした。また「清水徹雄君を守る弁護団」も「彼はベトナム戦争のなかで、日本人である自分が、同じアジアの人々に銃口をむけることの深刻な現実に直面して、戦争を拒否することを決意」し「戦争を放棄した日本国憲法を、全身を賭けて選択し」たが、「もし日本国政府及び国民が、米軍の逮捕要請に応じ、彼を再びベトナムの戦場につれもどすため米軍に引渡すならば、日本はベトナム戦争への参戦に一層加担することにな」り、「そのとき、日本国憲法は死に、日本国民はその魂を失うであろう」との声明を発表し、清水を日本社会の一員として受け入れねばならないとした。[55]

しかし清水の決断に、日本社会は必ずしも好意的ではなかった。一九六八年一〇月一六日新宿で行われた清水救援のための署名運動に、一〇〇名近くの市民が「好きでアメリカに行ったのなら男らしくベトナムで死ぬべきである」、「日本国憲法を売った者を日本国憲法で保護する必要はない」、「アメリカで徴兵拒否せずベトナムへ行って日本で泣きつくなんてふざけるんじゃない」といった言葉を投げつけた。[56]『朝日新聞』の投稿欄をみよう。

ベトナム戦争に参加しなければならない理由もない一人の日本人が、何の憎しみもないはずのベトナム人を殺さねばならない戦争に加わることで永住権を得ようとしたのは常識では考えられないことである。

「市民権が取り易い」とか、全く自己中心の考えで安易に徴兵に応じたうえで「日本人が何のために戦わねばならぬのか」とは、平和憲法を持つ日本人の誇りを忘れた、ムシの良さにあきれはてる。……私利私欲のため人殺しの片棒をかつぐのは、外人部隊に志願する食いつめ者や、死の商人と同様で、自国の法律のためいや応なしに徴兵されたさきの米兵と同一視できない。むしろ、日本人として憲法違反を責められるべきで、君達べ平連の理想にも反するのではないか。[57]

べ平連内部でも、清水の脱営に否定的な見方が少なくなかった。岐阜県べ平連で幹事を務めた加納和子の批判を引用しよう。

憲法第一二条に、「この憲法が国民に保障する自由及び権利は国民の不断の努力によってこれを保持しなければならない……」と国民の責任をはっきり明言してあります。清水君は日本国民として、他国の国権によるベトナム戦争に直接参加した後に、日本国憲法に救いを求められたわけですが、戦争に参加した時点においてすでにこの憲法を自ら犯したことにならないでしょうか。憲法第九条は［…］国民ひとりひとりの不断の努力という責任を持たされているのではありませんか。ベトナムで武器を持って戦ったことは清水君個人としてこの第九条にふれる行為をしたのです。彼がアメリカの地においてあらゆる抵抗を試みた後、なおかつ、強制的にベトナムの戦地に送られたのなら話は別です。第一二条の努力をしたことになるからです。［…］憲法を犯した者を憲法において守ろうとする論理に強い抵抗を感じます。私たち日本国民は、国家が犯している戦争協力を防ぐべく、あらゆる努力をしなくてはならないこれが憲法の真の精神ですし、べ平連参加者の信条としなくてはならないでしょう[58]。

清水の脱営が提起する問題は極めて複雑である。清水の出現は日本社会がベトナム戦争に対して持っていた「海の向こうの火事」という意識の虚構を暴いた。米国を経由しているとはいえ、日本人もベトナム人民にとって直接的な加害者の位置に立っていることを露呈した事件であった。また、「国家を越える個人の原理」を掲げ、米軍脱営兵を外国へ安全に脱出させることに没頭していたジャテックに、脱営兵と国籍の関係を再考するよう迫る事件でもあった。当時大学生としてべ平連に直接関わったノンフィクション作家の吉岡忍が、清水の出現によりべ平連や日本社会は、日本国憲法、平和運動、民主主義という三つの問題に直面することになったと述べたのはこのためである。[59]

この複雑な状況において、ベ平連は清水が「日本人」であることに訴えかける道を選ぶ。清水本人が「日本人」という用語を頻繁に使ったことを受けてか、ベ平連などの支援団体も声明で清水の問題を「全日本人の問題」[60]と規定した。ここで「日本人」という言葉を用いたことは、二つの異なる反応を呼び起こす。ひとつは清水を平和＝日本を「汚した」、つまり平和憲法を「汚した存在」であり日本国民としての資格の無い存在と反発するもの、もうひとつは清水を抱きしめる(embracing) ことにより、平和＝日本という等式を観念ではなく現実のなかで完成させようとするものである。前者が前に紹介した新聞投稿や新宿での市民の声、そしてベ平連内部の批判だとすれば、後者はベ平連をはじめとする支援団体の論理である。図式的に整理すれば、前者は清水を「加害者」として、後者は「被害者」として位置づける。前者が清水を振り払い、捨て去ることにより平和な日本の「純粋性」を救おうとしたのに対し、後者は清水を帰ってきた放蕩息子のように受け容れて平和な日本を完成させようとするのだ。ベ平連の機関紙で、清水徹雄の脱営を伝える記事の見出しが「《アメリカ＝戦争》から日本へ帰るんだ」[61]だったのは偶然ではない。「加害者」と「被害者」、いずれに位置づける立場からみても、清水は米国によって「汚された存在」なのである。

清水への分裂した視線は、心情の次元に留まるものではない。清水の立場は法的にも複雑だった。清水は日本国籍者として日本国憲法の保護を受ける存在でありながら、同時に米軍軍人として地位協定と刑事特別法の適用を受ける二重の法的条件のもとにあった。べ平連代表を務めた小田実の言葉を引用しよう。

彼ら［米国政府─引用者］の「法」的根拠は「日米安保」だった。しかし、この日本政府は、「日米安保」と原理的にまっこうから対立する「平和憲法」をもつ日本の政府なのだ。清水氏は、その日本で、その「平和憲法」の下で「市民」として生きようと「決意」していた。［…］一方に「市民」に兵士、「脱走兵」を強いる側があって、他方にあくまで「市民」であろうとする「市民」がいた。一方に「日米安保」があり、他方に「平和憲法」があった。両者のあいだに妥協はなかった。[62]

小田がこの九五年の回顧で「市民」という用語を多用するのは、かつて「日本人」という言葉を用いたことの問題性を打ち消そうとしたのであろうか。小田実の意図はひとまず措いて、「市民」を「日本人」に置き換えるならば、この一文は前に言及した清水の決断に対応していることがわかる。よって、地位協定と日本国憲法の矛盾、小田実の言葉を借りれば「「安保」と「憲法」の矛盾[63]」にさらされている清水を救うには、彼が日本国憲法の保護下にある「日本人」（小田はこれを「市民」といった）であるという事実を絶えず喚起させる必要があった。当時清水を弁護した弁護士角南俊輔の言葉を聞いてみよう。

［清水を隠すのではなく、公表する道を弁護団が選んだときに気づいたことは―引用者］〝脱走〟という言葉が、権力者の言葉、米軍の論理であるということである。この座標軸を、逆転させなければならない。彼は、日本国の法律を何一つ犯してはいない。むしろ、日本国憲法の真の意味での精神を、ヴェトナム戦争での体験のなかでつかみとって〝帰国〟した普通の日本人である。そして彼が、米軍にとって〝脱走の罪〟と名のつく行為をしたことが、かえって彼の真の意味での日本人にならしめた。［…］したがって、米軍の〝脱走の論理〟に対決する〝帰国の論理〟を早急に体系づけなければならないことを、われわれは知った。

さらにいえば、彼が選んだのは日本国憲法の条文（たとえばその第九条）なのではなく、われわれのうちにある憲法なのであった。［…］日本国憲法下においても、自衛隊が存在し、米軍基地が存在することを彼は知っている。そして、日本国憲法下においても、刑事特別法があるかぎり、もし米軍の逮捕要請があれば、彼を逮捕し、米軍に引渡す義務があるとの論理に加担するものの存在を彼は知っている。

それゆえに、彼が選んだ日本国憲法とは、日本が無意味で「クレージーな」ヴェトナム戦争への加担を拒否する、彼をふたたびヴェトナムの戦場へ送り返すことを拒否する、――そのようなわれわれの選択のなかにある日本国憲法であったのにちがいない[64]。

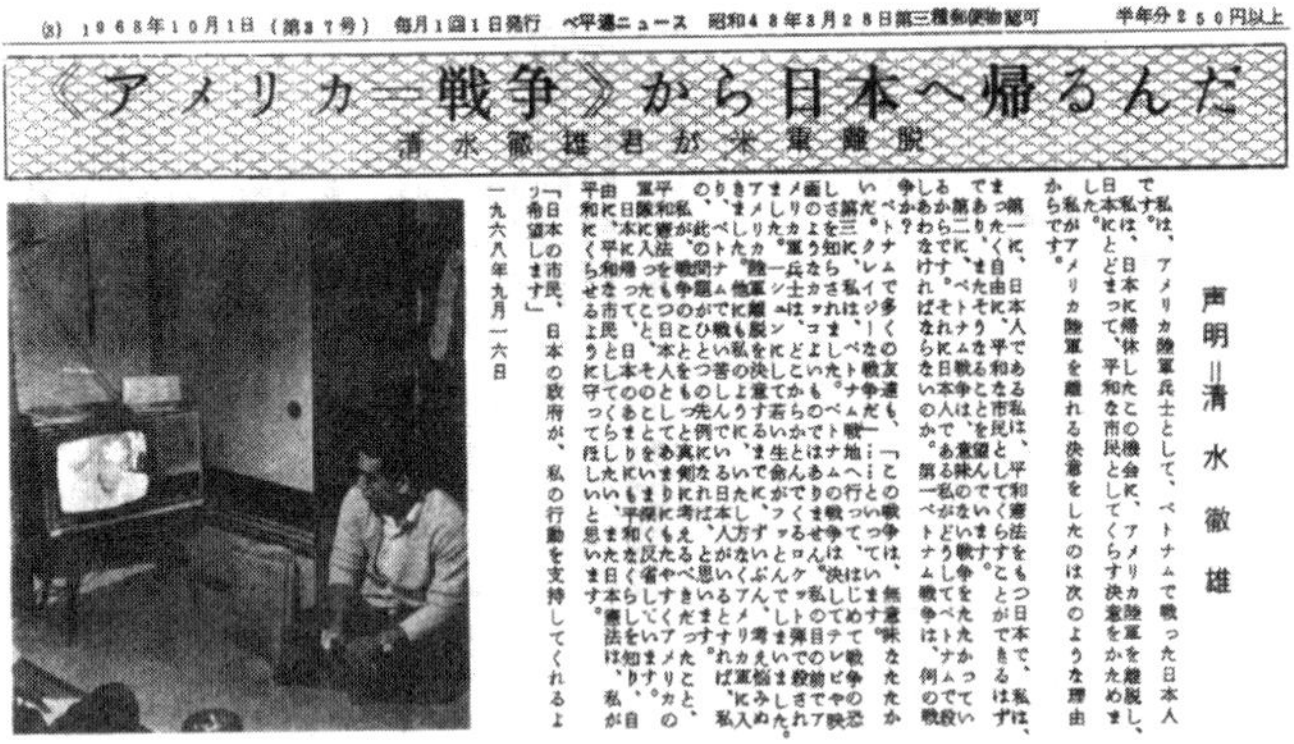

(3)　1968年10月1日（第37号）　毎月1回1日発行　べ平連ニュース　昭和43年3月28日第三種郵便物認可　半年分250円以上

《アメリカ—戦争》から日本へ帰るんだ

清水徹雄君が米軍離脱

声明＝清水徹雄

私は、アメリカ陸軍兵士として、ベトナムで戦った日本人です。

私は、日本に帰休したこの機会に、アメリカ陸軍を離脱し、日本にとどまって、平和な市民としてくらす決意をかためました。

私がアメリカ陸軍を離れる決意をしたのは次のような理由からです。

第一に、日本人である私は、平和憲法をもつ日本で、私は、まったく自由に、平和な市民としてくらすことができるはずであり、また、そうなることを望んでいます。

第二に、ベトナム戦争は、意味のない戦争をたたかっているからです。それに日本人である私がどうしてベトナムで殺しあわなければならないのか。

ベトナムで多くの友達も、「この戦争は、無意味なたたかいだ。クレイジーな戦争だ……」といっています。

第三に、私は、ベトナム戦地へ行ってはじめて戦争の恐ろしさを知らされました。ベトナムの戦争は、決してテレビや映画のようなカッコよいものではありません。私の目の前でアメリカ軍兵士は、どこからかとんでくるロケット弾で殺されました。

[illegible]

「日本の市民、日本の政府が、私の行動を支持してくれるよう希望します」

一九六八年九月一六日

清水の声明を載せた『べ平連ニュース』（第37号，1968年10月1日付）

角南は日本国憲法を、武装を禁じた平和条項と自衛隊・米軍基地が奇妙に共存する現実においてではなく、日本国民の選択により誤りを正す座標軸とみた。よってもし清水が地位協定に従い米国に引き渡されれば、日本人が自ら平和憲法に違反したことになり、ベトナム侵略戦争を行う米国に加担することになる、と繰り返し主張する。いわゆる主権の論理である。もちろんここで角南のいう主権とは、平和＝憲法＝日本という等式により具体化される主権である。角南が「［清水の―引用者］問題を正面からとり組むならば、米国側にとっては「選抜徴兵法」によって外国人を自国の軍隊に徴兵している国際法違反の問題が、日本側にとっては「安保条約並びにそれに基く合衆国軍隊の地位協定及び刑事特別法」の憲法違反の問題が必然的に白昼にさらされることになる」[65]というのも、同じく清水の保護を通じて平和憲法の実現を訴える文脈でなされた指摘といえる。

よって米国によって「汚された放蕩息子」を平和の名

において救い出すこと、これは「平和国家＝日本」を救う道でもあった。ところが、清水にはさらに別の問題があった。彼は広島生まれの被爆者だったのである。広島・長崎の被爆体験を中核に据えていた平和運動陣営からすれば、清水の存在は受け容れられなかった。平和の体現者でなければならない被爆者が、米国に渡り市民権を得ようとし、またベトナムへ行き人民虐殺に加担したことは、平和国家日本の歴史的アイデンティティーを否定する行為だったからである。よって被爆者＝平和という等式を「汚した」清水は、なにかで浄化する必要があった。清水をべ平連に紹介し、救援運動を主導した栗原貞子（一九一三〜二〇〇五）は、「清水徹雄君を守る広島市民の会」の名で発表した「ドラフト・カード」という詩で次のように書いている。

わかものよ
アメリカには行くな
コンピューターが昼も夜も鳴りひびき
戦争も大統領も
結婚も出産も
コンピューターがきめる
けれどコンピューターでは
ベトナムは　はかれない

コンピューターでは
黒人はおさめられない。
ヒッピーの花の一輪がふるえている。

わかものよ
アメリカへは行くな
半年ごとにビザを書きかえされ
その度に、その国の兵士になることを
ちかわされる。
或日突然、ドラフト・カードが
舞いこんだとき
あなたは　ヘリコプターに乗って
ベトナムの村に着陸し
ニッパ椰子の葉でつくった家に
手投弾を投げ、
女や子供を焼くことができるか。

アメリカはコンピューターの国
人間が人間でなくされる国
六ヶ月の皿洗いと引きかえに
ドラフト・カードが甲種合格を通達する

ハゲタカが突然舞いおりて
遠い、荒野へ人をさらって行く(66)

米国をコンピューターの国と描写するのは、ベトナム戦争が史上はじめてメインフレーム（大型コンピュータ）を用いて戦略を構築した戦争だったからだ。(67)ハゲタカは、米国が「インドシナに原爆三発を使用する計画」をハゲタカ作戦と命名したことに由来するようだ。ここで表象される米国とは、広島・長崎に原子爆弾を投下し、ベトナムにも投下しようとする野蛮な国であり、コンピューターを戦争に用いる科学技術先進国でもある。原爆と科学技術の対極に黒人やベトナム人民がいて、広島・長崎が、平和憲法が、そして日本がいなければならないのである。一方は進歩であり、一方は破壊である。一九六〇年代の日本は、高度成長の影響で急速に大衆消費社会へ足を踏み入れようとしていた。この間に進歩と破壊の分離、つまり科学技術と原爆の分離がなし遂げられ、広島・長崎の被爆をはじめとする米国への「憤怒」は薄れ、後景化された。栗原は、米国式の消費社会にのめりこむ分別なき若者たちの誤った選択を叱咤しているのである。事実、高度成長期日本の若者たちの「アメリカ呆け」現象は、脱歴史化された消費社会世代の出現を意味した。報道写真家の石川文洋が米軍占領下の沖縄で米軍に志願する若者たちの心情を「世界へ出るにはこれが一番の早道なんだ。兵役の三年間だけ歯をくいしばって辛抱すれば、あとは自由だもの[68]」と書いていることからも、その一断面が読み取れる。また、斎藤憐がベトナム反戦運動に奔走することになった理由を「高度成長の始まった当時の日本にぬくぬく生きている自分と、毎日マスコミによって報道されるベトナムの惨劇との落差のなかでいたたまれなく、とりあえずできるだけのことをしようと考えた」からと説明し、行動に加わった若者は「始まったばかりの消費社会に違和感を持っていた」と述べているのも、石川の紹介する青年たちと反応は異なっているものの、脱歴史化された消費社会世代の出現という同様の現象を前提としている[69]。

角南俊輔は清水を「陽気で、開放的」な青年であり、「新しい世代が出現しつつある」とみた。「アメリカ文明との結婚」をしたが「離婚」し「彼の出生の地、原爆の広島の意味するもの――わが日本国憲法[70]」を選んだ青年と位置づけた。栗原の詩を角南の発言とつなげるならば、科学技術と消費社会に熱狂する若い世代を米国と「離婚」させ、広島と「再婚」させることにより広島・長崎の被爆経験の純潔を守ろうとしたのが、当時のべ平連の論理であったといえる。栗原にとって清水を救うことはまさしく広島・長崎の浄化だった。

一九六八年一二月一四日、在日米国大使館のスポークスマンは「米国政府および在日米大使館は慎重に検討した結果、清水君の逮捕を日本政府に要求しないことを決定」したと発表した。これに対し弁護団は「われわれが、当初、清水君と日本国憲法を守る決意を明らかにしたように、日本人全体の力によってかちとったもの」であり、「日本人自らが、日本国憲法が、日米安保条約に優位していることを貫徹」させた成果であると勝利を宣言した。また、べ平連も声明を出して「平和憲法をもつ日本の政府が、逮捕要請拒否の態度をとることは当然であり、国民はそれを期待」していたため、「日本の国民の側の完全な勝利」だと評価した。[71] べ平連の浄化は成功を勝ち取った。しかしその勝利は「国家を越える個人の原理」ではなく、個人が国家に縛られている証の国籍、つまり「日本人」という要素を最大限に利用して可能だったのである。

二人の「朝鮮人」脱営兵：金東希と金鎮洙の物語[72]

清水の存在が、ジャテックに「国家を越える個人の原理」どころか、現実には国家による制約を受けざるをえないことを痛感させたとすれば、金鎮洙と金東希という二人の朝鮮人脱営兵の出現は、小中陽太郎の言葉を借りれば日本人に「突きつけられた刃」[73]であった。べ平連が大村収容所解体闘争に関わるきっかけとなった一九六九年三月一日のデモで、鶴見俊輔が「アジア人との連帯といいながら、私たちは、アメリカのベトナム戦争脱走援助はやってきたが、韓国の金東希さんに対しては、なにもしなかった」と語ったのも、小中と同じ受け止め方といえる。石田雄はベトナム反戦運動の際の被害者としての連帯感が加害意識を生み出し、その後の戦争責任論の発展に大きく寄与したと指摘するが、玄武岩はこうした石田雄の見解を批判する。金東希の脱営事件はむしろべ平連運動の限界を露呈したものであり、大村闘争こそが「出入国管理法の改正案に反対し、韓国人の強制送還を告発する、朝鮮問題を視点においた最初の現地闘争」であったと指摘する。[74]

金鎮洙について『東亜日報』は一九六八年一月一一日、「東京にあるキューバ大使館が、昨年四月に亡命を要求し同大使館に保護中であったソウル生まれの韓国系米国一等兵ケネス・クリックス（二二・韓国名金鎮洙）が潜伏した事実を昨年一二月二九日に日本外務省に通告していたことが一〇日、明らかになった。この逃亡兵はソウル生まれの孤児で、一一歳で米国人「クリックス」の養子となって渡米、五年前に米陸軍に志願入隊し在日米軍部隊に勤務していたが、六六年、ベトナム駐在の米第一九一兵器大隊特技兵（タイピスト）として専属勤務中、東京のキューバ大使館に亡命を申請」したと報じた。また、『京郷新聞』は一月一三日、日本の報道を引用して金鎮洙が「北朝鮮へ脱走したよう」だと報じた。金の米国名であるケネス・グリックスをクリックスと、スウェーデンを北朝鮮と間違っていたことを除けば、おおよそ事実に即した報道である。

金鎮洙は一九四七年にソウルに生まれ、朝鮮戦争で父母を失い戦争孤児になった。[75] 米軍兵士の助けで米国へ渡り、市民権を獲得すると米軍に入隊、韓国と日本での米軍基地勤務を経てベトナムに派兵される。休暇で日本に立ち寄ると一九六七年三月に脱営し、駐日キューバ大使館に駆け込んで亡命を求めた。キューバ政府は彼の亡命を受け入れ、安全な出国を日本政府に要請したが、政府は米国の逮捕・身柄引渡し要求を受けてキューバの要求を拒否する。結局、金鎮洙はキューバ大使館を密かに抜け出し、べ平連の助けにより根室ルートからソ連を経てスウェーデンに亡命する。同行した米国黒人兵テリー・ホイットモア（Terry Whitmore）は、金鎮洙は「アメリカ国籍をもつ朝鮮人」[76]であったと記しているが、金鎮洙と面談した小田実の証言[77]や一九六七年五月一二日衆議院法務委員会での外務省の答弁をみると、金鎮洙は明らかに韓国籍の保持者であった。

金鎮洙の脱営は他の米軍脱営兵とは異なっている。他の脱営兵は交際していた日本人女性や、偶然出会った日本人大学生を通じてべ平連と知り合ったが、金鎮洙の場合は「普通の日本人」と接触した痕跡がほとんどない。彼ははじめから日本社会についてある程度の知識を持っていたようだ。六七年三月の脱営直後、日本共産党本部、朝鮮総連を経て、総連の勧めで四月三日、駐日キューバ大使館に入った[78]。以後約八か月のあいだ、キューバ大使館に匿われていた彼は、一九六八年一月ごろ、べ平連との接触に成功しその助けにより「亡命」を試みたが、その前途は多難であった。なぜならイントレピッドの四人を横浜から「バイカル号」に乗せてソ連へと「密航」させたことが報道により明るみにでると、ソ連が「バイカル号」の利用に難色を示したからである。そこで浮上したのが中国ルートである。新左翼セクトML派[79]の政治局員であった山口健二の助けを得て、べ平連が最初に考えた亡命先は中国であった。吉川勇一の証言によれば、中国ルートは北朝鮮行きを念頭においていたという[80]。金鎮洙は六八年一月一九日に神戸から秘密裏に中国船に乗ったが、連絡の行き違いのため船を降りることになり計画は挫折する。山口健二の証言によれば、文革の混乱のために生じた連絡の行き違いだったという[81]。

金鎮洙がいかなる人物であったかを直接知ることができる資料は無い。残された彼の肉声は、日本を脱出する際に発表された「アメリカ、日本そして世界の人民へのメッセージ」という声明だけだ。

アメリカに十年間住んで、私はアメリカの市民になりたいと思うようになりました。しかし、私がアメリカの軍隊に入って一兵士となり、最初に朝鮮、それから日本、最後にベトナムに送られて、まず南朝鮮のおそるべき現状を見、同時にそれがどうしてそのような状態にならざるを得なかったに思いをいたし、その上、南ベトナムで戦争によってつくりだされている状況――しかもその戦争をこれほどまでに悲劇的なものにする上ではアメリカが決定的な役割を果たしてきたし、また果しつつあるわけですが――を見、そして、もしもアメリカが朝鮮でやったのと同じようなやり方でベトナムでもその目的をはたしたとしたら、ベトナムの人びとにとってその運命がもたらす未来はどういうものになるかを考え、〔…〕ベトナム人民の苦しみを目撃し、それに加担するにいたって、私はついにアメリカ合衆国の市民になる、すなわち実際は犯罪者になるという望みも興味もないことを知るようになりました。[82]

だから「現在のアメリカの行き方」を変えなければいけないと考え脱営したという。金鎮洙は自分を孤児にした朝鮮戦争の視点でベトナム戦争を見ていた。同行したホイットモアは、金鎮洙はほとんど喋らない孤独な人であったと証言する。(83) また、金鎮洙はモスクワで他の米軍兵士に「君らはただのくだらん臆病者」で、「君らには脱走する理由なんかなかったんだよ。立派なわけがあるのは僕だけさ(84)」と吐き捨てたという。モスクワでの記者会見の席上、金鎮洙は「アメリカに原爆を落と」せば、「世界中の問題は全部片がつくだろう」とも語った。(85) ソ連の意向により亡命希望国家を記入する時にも、他の米軍兵士はフィンランドやカナダなどを記載したのに対し、金鎮洙だけはチェコスロヴァキアと書いたという。(86) 彼のこのような姿勢をどのように考えればよいのか？

金鎮洙を実際に匿っていた小説家・堀田善衞が一九七〇年に発表した連作小説「橋上幻像」には金を素材にした「名を削る青年」という作品が収められている。「名を削る青年」で金鎮洙はパク・チョン・スーやウィリアム・ジョージ・マクガヴァーボンといった名前で登場する。この小説は堀田の経験に基づいているが、パクやマクガヴァーボンが実際の金鎮洙と同じかどうかは定かではない。堀田が想像した金鎮洙とみたほうが正確だろう。パク・チョン・スーはある日、「朝鮮」出身の米軍脱営兵として堀田の前にあらわれる。「なみのアメリカン・ボーイズとはまるで違う。また中国系のそれとも違」う、「異常な異物」であった。(87)「朝鮮語を忘れた」パク・チョン・スーでもなく、だからといってマクガヴァーボンでもない。二つの名をいずれも拒否する彼をみて、堀田は「名のない者は、名を拒否する者は、人間ではないか？　誰もかれもが、人間のすべてがどこかの国民であるということは、変ではないか？　国民であることと、人間であることとは、同じではない(88)」と考える。堀田はパク・チョン・スーにこう語らせる。

金網の内側でも外側でも、少しも仕合せではない。しかし少なくとも、ぼくは朝鮮にいて金網の内側の人間であってはならない、と思った。そう決心した。といっても、ぼくは朝鮮人でもないんだな。金網の外側で、もしそれが許されたとしても、朝鮮人たちのなかに立ちまじって朝鮮人として暮すことも出来ないんだな。十一年間のアメリカ生活は、ぼくを根こそぎに変えてしまっていて、どうしても金網の外の、例の、あのアジア的不潔さには耐えられないんだ。キムチなんぞという朝鮮人としての自己検証《アイデンティティ》に絶対必要なものなんか、汚くて手にするのも見るのもいやだ。しかしそうかといって、どうしても朝鮮にはいたくないという考えは変らない。思い切って、ぼくはヴェトナムへの転属を要求した。戦争ならば、様子は違って来るだろうと思った。ところが……(89)

パク・チョン・スーは朝鮮人でも米国人でもない。朝鮮人であること、米国人であることを拒否する何かである。だから堀田は自らが享受する国家（日本）というものに飛び込んできた「異常な異物」、つまり「名前のない」、「名前を拒否する」、どこかの国家人であることを拒否する存在を通じて、自らも国家に属しているという事実と自らが住んでいる家＝日本という国家に疑問を抱く。

国家は夜の闇にも昼の光にも化けてこの家の戸と窓と壁のぎりぎりのところまで押し寄せて来

ているものであったが、その家のなかにいる男もまた国家であった。一人の人間であるだけではなくて、国家人、というものである。そうして国家人としての男の前にいる青年は、その余計な部分である国家人の部分を削り取り、こそぎ落そうとしている。元始《はじめ》の人間であるアダムと比べたら、たしかに余計な部分ではないか。(90)

男は彼に単なる呼称としての「ジンギス汗」という名をプレゼントし、パク・チョン・スーはこれを受け容れる。ジンギス汗は米軍がベトナムで、そして朝鮮で行ったように、「殺しも、燃やしも、壊しもしない」、そして「国境も国家もつくらない」、どこかの国家人であることを拒否する名前である。そして男は絶望する。なぜなら国家人であることを拒否した者が、国家人としてではなく人間として生きる「すき間」など無いからである。つまり彼はアダムにもジンギスカンにもなれなかった。

国と国、といったところで、そこにあいだなどというものはなく、それはむき出しの国境と国境の接しただけのものであって、その間に、たとえばこの、国家はいやだというジンギス汗をおいてくれる橋一つかかってはいないものであった(91)

朝鮮で生まれ、米国へと渡って米軍に入隊し、駐韓米軍を経てベトナム戦争を経験した金鎮洙は、日本を脱け出てソ連を経由しスウェーデンへと向かった。彼は米軍のベトナムに対する軍事的介入が誤りであることを指摘しながらも、米国人であることと米軍兵士であることを誇る他の米軍兵士とは異なり、米軍の身分証明書を焼き捨て、認識票を男に手渡す。パク・チョン・スーはただ自らを国家人としてではなく、自らとしてのみあらわす。つまり、「ぼくはぼくだ。他の何者でもない」と語る。このような描写は、ホイットモアが描いた金鎮洙の姿と部分的に一致する。金鎮洙こそがベ平連が見たがった「国家を越える個人」であった。しかし、米国だけでなく国家一般を否定し、米国籍ではなく韓国籍でも、彼を取り巻く条件は変わらなかった。国家と国家の「あいだ」などは無いのである。金鎮洙は韓国籍の人間である以前に米軍兵士であったため、出入国管理令と外国人登録法の適用を受けない「幽霊」であり、日本国憲法の外に置かれる者であった。

金東希の場合、金鎮洙とはまた異なる軌跡を描く。金東希は一九三五年、済州島涯月面郭支里に七人兄弟の末っ子として生まれた。[92] 小学校三年生のときに解放を迎え、中学卒業後は釜山のある高校に入学するが貧しさと朝鮮戦争のため学業を終えることはできなかった。金東希は学業を続けるため、一九五三年四月、下関に初めて密航する。一九三五年から四〇年にかけて日本に渡っていた三人の兄の助けがあれば学業を続けられると判断したようだ。東京・荒川の兄の家に滞在して日本語の勉強をしたのち、一九五六年四月に東京の韓国学園高等部一年に入学する。ところが、外国人登録証のなかった金東希は一九五九年一月、外国人登録法違反及び出入国管理令違反により警察署から東京拘置所、東京入国管理所、大村収容所をへて、韓国に強制送還される。日本へ

(1)1967年6月1日発行（第21号）　毎月1回1日発行　ベ平連ニュース　昭和42年3月28日第三種郵便物認可　半年分250円以上

ベ平連ニュース

「ベトナムに平和を！」市民連合編集発行　東京都千代田区外神田2−1−4　山京ビル内　振替　東京34776　電話255−2886
第21号

読者の方へのお願い
このニュースに関する批判、感想をお寄せください。また日本各地からの投稿をお待ちしています。種類はなんでも結構です。読者の投稿を中心に編集していく方針です。事務局のベ平連ニュース係までお願いします。

42.5.4.撮影

金東希裁判はじまる

ベトナム派兵を拒否して韓国軍隊を脱走、日本に亡命を求めて来た金東希兵長のことについては、本紙四月号でも報じたが、金氏が法務大臣と福岡入国管理事務所長を相手に訴えた「退去強制処分等取消し請求事件」の公判の第一回が五月十八日、福岡地裁民事一部平田裁判長係りで開かれた。

この日、金氏の代理人としては、福岡第一法律事務所の諫山博弁護士、被告側の国を代理して福岡法務局の大道[illegible]検事らが出廷、ほかに地元長崎や福岡の「金東希青年をはげまし守る会」の白井正教授をはじめ会員や朝鮮総連関係者多数、また大阪からかけつけた大阪ベトナム反戦行動委員会の檜谷正博氏など、約二百五十名が傍聴につめかけ、法廷は超満員であった。

冒頭、諫山、角銅両代理人は、「金東希氏から出廷願いが出されているにもかかわらず、出廷させなかったのはなぜか」と追及、これに対し大道検事は「さまざまな運動が行なわれているため、出廷は警備上好ましくない。また弁護士が代理しているのだから本人出廷の必要はない」と答えた。

また、原告側は、「国会の論議の中で、政府は公判中でも強制送還はありうるといっているが、これでは裁判は無意味となる、裁判所は、送還させぬよう国に要求すべきだ」とのべた。これに対し裁判所は「国に命令する権限はない」と回答したが、原告側はさらに「少なくとも強制送還するなという勧告をすべきだ」と求めた。これについて裁判官は「公判中、送還されることがないよう考慮を求める」と国側に勧告した。

原告側弁護士は、「今、裁判長は非常な勇気をもって、強制送還をしないよう勧告された。国はこの勧告に従うよう強く求めるものである」と発言した。

このほか、原告側は、「退去強制令書には、どこの国に送還するのか書いてある筈だが、どこか」「送還する国が出入国管理令五十三条によるとだけしか書かれていないのは、送還先がきめられてないのか、それとも決まっていても発表しないのか」と国側を追及、検事側は、「退去令書には記入されていない」と答えて明確にしなかったが、この点についても裁判所側は「検討するよう」国側に要望した。

ついで原告側は訴状陳述に移り、政治亡命者を保護することは確立された国際法規であり、

穴井典彦　鶴

ベ平連では昨年の暮、南ベトナムの実情を調べるためにひそかに穴井典彦さんをはけんしました。その穴井さんが約五カ月間のベトナムでの生活を終えて五月七日に帰国しました。またアメリカ各地で向うの平和運動家と会ってきた鶴見良行さんは五月十二日に帰国しました。ま

金東希裁判の開始を伝える『ベ平連ニュース』（第21号，1967年6月1日付）

の密航から七年目のことである。大村収容所では一〇か月をすごした。『東亜日報』一九六〇年三月二九日付には「日本大村収容所に抑留されていた僑胞三四三名は三一日、日本を出航し韓国に帰る予定」として送還者名簿が掲載されているが、この名簿には金東希の名もある。

強制送還により故郷に帰った金東希を待っていたのは軍隊であった。それで金東希は兵役を避け学業を続けるため、再び日本に密航することを決心する。一九六二年五月一四日、密航船に身を委ねたが逮捕され、一九六二年六月、出入国管理令違反により懲役一年二か月（執行猶予三年）の判決をうけ、同年一〇月に再び韓国に強制送還された。金東希は韓国でも懲役一〇か月（執行猶予一年）

の判決をうけ、釜山刑務所で四か月服役した後、一九六三年七月一四日に軍に入隊し釜山陸軍兵器学校に配属された。

ところが、除隊を控えた彼に突如ベトナム派兵命令が下されると、一九六五年七月三日、彼は脱営を敢行する。それから一月あまりが経った一九六五年八月一五日、小さな漁船に乗り対馬を目指したがまた捕まる。金東希は裁判のすえ懲役一年の判決をうけ、福岡刑務所に収容される。そして一九六七年二月一九日、金東希は大村収容所に収容された後、一九六八年一月二六日「退去強制命令」をうけ、横浜港からソ連船に乗りソ連経由で北朝鮮へと向かうのである。

金は一九六七年一月二三日付で日本の裁判所に提出した「亡命願」で脱走の理由を「朝鮮戦争で幾多の同邦（ママ）が殺され祖国が破壊されて戦争の残酷性を身を以て体験した私はいま又ベトナムで硝煙に包まれて人間が何の理由もなく殺しあい国土を破壊して血で染めることに強い反撥を感じていましたので此の南ベトナム派遣兵なるものの命令に対しては背筋に虫酸が走る如く嫌」だったと述べている。つづけて、亡命先に日本を選んだのは日本に平和憲法があるからだと明言している。

私が亡命地を日本に選択したのは勿論地理的条件もありますが特に私は日本国憲法前文ならびに（第九条）戦争の放棄を規定し平和主義を貫こうと努力している日本国に亡命したのであります。(93)

ベトナム派兵を拒否し軍隊を離脱した金東希こそが、非武装主義を掲げる平和憲法の精神を具現する存在であった。しかし日本政府にとって彼は政治的亡命者ではなく、出入国管理令に反する犯罪者に過ぎなかった。一九六六年九月一七日、北朝鮮船籍平新艇の副船長など四名が、船員ら七名を殺害して下関に入港し、日本への亡命を要求した際、法務大臣は彼らの行為を「政治亡命」と認定して刑事処罰を行わなかった。[94]彼らは九月二七日に韓国に送還されたが、韓国では彼らの行為を「自由祖国の懐へ」戻るものと歓迎した。[95]刑法や出入国管理令によって処罰せず送還したのは、日本政府の外交的な判断だったようだ。実際に一九六七年五月一六日の参議院法務委員会において、平新艇事件について当時の中川進法務省入国管理局長は「日本の……内政、外交、ことに治安の維持その他いろんな方面から判断いたしまして適当であるという判断に基づいてなされた措置」と説明している。だとすれば金東希に出入国管理令違反で懲役刑を下し、大村収容所に閉じ込めた後、一九六八年一月に北朝鮮へと追放したことも「日本の利益」を考慮した結果だったはずだ。金東希自身は、最後まで日本への亡命を希望していた。

京都大学医学部の学生として金東希救援運動に加わった大阪市立大学教授の塩沢由典は、金東希の存在を知らなかったことはべ平連の「大きな過失」[96]であったと記している。塩沢によれば、べ平連は金が大村収容所に移された後、大村から届いた一本の電報ではじめてその存在を知った。この後、べ平連と各地の市民団体は金東希問題に奔走することになるが、大村収容所側の面会拒否により面談すら順調にいかなかった。結局、金東希は収容所内で長期間断食したり手紙（検閲、遮断のためこれも自由ではなかったようだ）などを通して日本に亡命を求める闘いを孤独に展開する。塩沢は金東希の闘いを通じて次のような事実に気づく。

日本にはまだ亡命権が確立していないという事情があります。ですから「亡命権の法制化」、これを法律上の権利として、確立するという政治課題があると思います。しかし同時に、技術的に、また、政治的な問題の下にあるより深い意味も考えていかねばならないのではないか。それは「亡命権」を認める法律がないような状態の中でも、在日朝鮮人や部落民たちはそのような個人を集落の中にかくまってきたという歴史があると思います。［…］「亡命の思想」は「国家を越える原理」の存在思想だと思います［…］別の国家に脱走兵をまかせるのではなく、かくまってもらうのではなく、一つの個人を守る立場を、守る場所を考えていかなくてはならないのではないか。「亡命の思想」が「国家を越える原理」の存在主張であるならば、亡命する人が他の国家に頼らなくてはならないというのは、論理的な矛盾です。ですから国家に頼らずに、亡命者をかこっていくような空間を作る必要があるんではないか[97]。

金東希を日本へと引き寄せたのは彼が「日本国憲法前文ならびに（第九条）戦争の放棄を規定し

平和主義を貫こうと努力している日本国」だからというように、平和憲法であった。これが二度の亡命失敗のため事後的に付け加えた理由だったとしても、彼自身が「亡命」の権利を平和憲法に見出した事実は意味深長である。もし武装と武力行使を禁止する日本の平和憲法が実践に移されていたならば、金東希の亡命劇は日本で終わったはずだ。しかし平和憲法は実際には機能することはなく、むしろベトナム戦争のための基地を米国に無限に提供し、自衛隊が武力を増強する現実が日本にはあった。金東希を日本へ向かわせたのは平和憲法の理念であったが、彼を日本の外へと追いだしたのは平和憲法の現実であった。彼が北朝鮮行きを選んだのは韓国への強制送還を避けるための苦肉の策であった。金東希は憲法、地位協定、刑事特別法の外にいる「幽霊」でありながらも、同時に出入国管理令、外国人登録法の内にいる不法な「密航者」であった。よって金東希の北朝鮮行きは「国家を越える個人」というべ平連の原理からすれば、「幽霊」と「密航者」の間の絶妙な妥協であったとみることができる。金東希の出現は「逆転した不平等性」のもとで米軍脱営兵を脱出させることにより「国家を越える個人の原理」を実践していると信じたべ平連/ジャテックに、「亡命の思想」をいかに樹立しなければならないかという問題を提起した。同時に、亡命者を長期にわたり保護する「人民の海」、「国家に依存せずに亡命者を保護する空間」が日本に成立しえていないことを気づかせる契機となった。

しかし、もう一つの重要な問題がある。金東希は「亡命願」において、三人の兄が日本に居住しており、かつて自分も日本に暮らしたことがあるため——鶴見俊輔の表現を借りれば、日本が「第二の故郷」[98]であったため――日本に亡命を希望したとしている。だとすれば金東希はベトナム戦争に反対し、平和憲法を信奉する反戦兵士であると同時に、日本帝国主義の朝鮮支配により形成された「在日朝鮮人」社会の人的ネットワークが生み出した人物だったといえる。キム・エリムは朝鮮人密航者を「帝国と国家により生が毀損された者たちが選択した「危険」であったという点」で「容易に審美化できないリアリティーの問題」であると指摘したが[99]、金東希もまたこの「リアリティー」を生きたのだ。よって金東希の亡命願が拒否され、北朝鮮へ強制送還される過程は、日本の継続する植民地主義とその植民地主義のうえに立つ戦後民主主義の本質をそのまま体現しているのである。

3　結論に代えて

以上みてきたように、ジャテックの活動は、確かに国境を越える運動であった。既存のプロレタリア国際主義にもとづく党派のような、統一的な綱領や理念にもとづく「教会型」の上意下達式国際主義ではなかった。「主体として覚醒した」「国家から独立した個人」が動く国際主義であった。しかし、その認識によってすべての脱営兵に対する脱走の援助を実現できたわけではない。結局、ジャテックの活動を規定したのは、脱営兵の国籍などの法的条件であった。

スウェーデンに亡命できた要因には、個人の国際的なネットワークのほかに、ソ連陣営の論理、

表　脱営兵の国籍と適用法律

	国籍	適用法体系			「亡命地」
		外国人登録法及び出入国管理令	日本国憲法	地位協定及び刑事特別法	
「米国人」	米国	未適用	未適用	適用	スウェーデン
清水徹雄	日本	未適用	適用	適用	日本
金鎮洙	韓国	未適用	未適用	適用	スウェーデン
金東希	韓国	適用	未適用	未適用	朝鮮民主主義人民共和国

スウェーデンの難民認定システム、地位協定・刑事特別法という日米関係の「逆転した不平等性」があった。米国との「不平等協定」があったからこそ、脱営兵を海外へ退避させることができたのだ。ジャテックの「国家を越える個人の原理」は、「亡命権の否定」と継続する植民地主義のうえに立つ平和憲法によってのみ作動したとみることができる。もしも適切な亡命地を見いだせず、そして地位協定などの「逆転した不平等性」が担保されずに、脱営兵たちが引き続き日本に留まらざるをえない事態が生じたならば、彼らを非合法的に保護し続ける「人民の海」が存在しない以上、「日本人たちの宴」であるところの平和憲法との矛盾が露呈し「亡命権の問題」が問われざるをえなかったであろう。

しかし一人の日本人青年と二人の朝鮮人青年の出現により、矛盾があらわになる。清水徹雄という脱営兵は国境の「外」へと移動させることができない。なぜなら彼は「日本人」(日本国籍者)だったからだ。ここでの日本人とは一方では法的な拘束を意味するものであると同時に、戦後日本の歴史性を体現する存在でもある。清水を捨てること——米国に引き渡すこと——と、包み込むこと——日本居住――の岐路には、憲法と地位協定のあいだの「闘い」があり、この「闘い」に勝つために選ばれた方法は憲法から「平和の思想」を導き出すことではなく、清水が憲法の恩恵を享受できる日本人であるという論理に訴えかけることであった。よってベ平連の「勝利」は「国家を越える個人の原理」や憲法精神の普遍的な平和原理を実現したがゆえのものではなく、憲法が規定する平和主義が、ただ日本人にのみ適用されるという事実を確認したに過ぎなかった。

その反面、金東希には憲法も、地位協定も、刑事特別法も無意味であった。金東希は明らかに他の米軍脱営兵と同様、ベトナム戦争に対する強い反対の意思を持っており、他のどの米軍兵士よりも平和憲法への強い愛着と信頼を抱いていた。よってベ平連の主張する理念に最も適合的な人物であった。加えて彼は在日朝鮮人の人的ネットワークに属しており、歴史的にも日本に居住する権利を有する人物であった。しかし日本にとって金東希は反戦兵士でも、平和憲法の信奉者でもなく、主権を脅かす密航者にすぎなかった。裁判の過程で裁判官が絶えず彼の亡命の動機における政治性を否定し、違法性を浮き彫りにしようとしたことからもこれは明らかである。出入国管理制度は米軍を日本の主権の「外」にいる特権的な存在、つまり「幽霊」と想定する。これは日米関係の不平等性を体現するものでありながらも、同時にそこで生じた「逆転した不平等性」は米軍脱営兵の海外脱出を可能にした。しかし日本の出入国管理制度は金東希にとっては、平和を求めて日本へやってきた非日本国籍者を追い出す制度として機能した。こうしてみると、日米安保条約にもとづき駐屯する在日米軍の武力により、日本国憲法の「非武装」が守られているという逆説的な構造[100]が、ここに確認できる。つまり、平和憲法は出入国管理制度によって構造的に支えられているのだ。ベ平連／ジャテックの脱営兵支援運動は、理念的には「国家を越える個人の原理」を掲げながらも、具体的な実践においては国籍や日米協定など法的制約を受けざるをえなかった。「脱国境的」な思考が内向的な「国境」にいかに制約されるのか、「国境」というアポリアを提起しているといえるのである。

注

（1）開高健『夏の闇』新潮社、一九九〇年、一九七―一九八、二二三頁。
（2）「ベトナム戦争は日本にとって海の向こうの「対岸の火事」だったから、戦争に反対する勢力にしてみても、徴兵はなかったし、大恐慌をひきおこすような深刻な政治的弾圧もなく、また日本が戦闘に巻き込まれる現実的な危険もまったくなかった。戦争を支持した者も批判した者も、憲法の規定する権利と非戦条項、過度の深入りを避けた佐藤の慎重な外交政策、そして二五〇〇キロという距離の海原によって庇護されていたのだ」（トーマス・R・H・ヘイブンズ、吉川勇一訳『海の向こうの火事』筑摩書房、一九九〇年、三三五頁）。
（3）吉本隆明「戦後思想の荒廃」『展望』一九六五年一〇月（菊谷匡祐『開高健のいる風景』集英社、二〇〇二年、八一頁より再引用）。
（4）トーマス・R・H・ヘイブンズ、前掲書、一九九〇年、三三五頁。
（5）尹健次『思想体験の交錯――日本・韓国・在日一九四五年以後』岩波書店、二〇〇八年参照。
（6）武藤一羊「原点としての朝鮮戦争」池田浩士・天野恵一編『検証「昭和の思想」V　思想としての運動体験』社会評論社、一九九四年、三一―三四頁。

（7）石田雄『一身にして二生、一人にして両身――ある政治研究者の戦前と戦後』岩波書店、二〇〇六年、第三節参照。
（8）小田実『「難死」の思想』岩波書店、一九九一年参照。
（9）小田実「平和への具体的提言」一九六六年八月一一日（ベトナムに平和を！市民連合編『資料「ベ平連」運動』上巻、河出書房新社、一九七四年、一〇八―一一一頁）。
（10）小林トミ著、岩垂弘編『「声なき声」をきけ――反戦市民運動の原点』同時代社、二〇〇三年。
（11）권혁태『일본의 불안을 읽는다（日本の不安を読む）』교양인、二〇一一年、九四―一〇三頁参照。
（12）小熊英二『1968――叛乱の終焉とその遺産』下、新曜社、二〇〇九年、三四九、三五四頁。
（13）松田道雄「支配の論理と抵抗の論理」ベトナムに平和を！市民連合編、前掲書、一九七四年、四四五―四四六頁、または松田道雄「支配の論理と抵抗の論理」『革命と市民的自由』筑摩書房、一九七〇年参照。
（14）平井一臣「ヴェトナム戦争と日本の社会運動――ベ平連運動の地域的展開を中心に」『歴史学研究』歴史学研究会、二〇〇三年一〇月増刊号、一一七―一一八頁。
（15）日本では兵士が軍隊を抜け出す行為を「脱走」というが本章では脱営と表記した。ただ、引用文など、文脈を考慮しなければならない場合は、脱走の語をそのまま用いたことを明らかにしておく。
（16）高橋武智『私たちは脱走アメリカ兵を越境させた――ベ平連／ジャテック、最後の密入国作戦の回想』作品社、二〇〇七年、九二頁。
（17）栗原幸夫「ある日の横須賀基地ゲート前」（一九六七年二月）、ベトナムに平和を！市民連合編、前掲書、一九七四年、一七八―一八〇頁。
（18）六六年八月に開催された「ベトナムに平和を！日米市民大会」で採択された「日米反戦平和市民条約」では「アメリカの兵士へ戦争反対をさまざまなかたちで呼びかける」とある（ベトナムに平和を！市民連合編、前掲書、一九七四年、一一八―一一九頁）。
（19）小田実『「ベ平連」・回顧録でない回顧』第三書館、一九九五年、一五九―一六〇頁。

(20) 彼らの脱出経緯については、関谷滋「イントレピッドの四人とジャテックの誕生」関谷滋・坂元良江編『となりに脱走兵がいた時代』思想の科学社、一九九八年、二七―二九頁、および室謙二『天皇とマッカーサーのどちらが偉い？――日本が自由であったころの回想』岩波書店、二〇一一年、二三五―二三七頁に詳細に記録されている。

(21) 小田実、前掲書、一九九五年、一七四頁。

(22) 鈴木道彦『越境の時――一九六〇年代と在日』集英社、二〇〇七年、一四五頁。

(23) 「北方ルート」は一九六〇年代の「人民艦隊」を連想させる。「人民艦隊」とは一九五〇年代に武装闘争路線を採っていた日本共産党が、中国と北朝鮮を往来するために編成した密航船を指す。例えば、一九五八年四月一四日の朝日新聞の報道によれば、「人民艦隊」は約三〇トン級漁船一三隻で編成されており、伊藤律や野坂参三などを中国に密航させる役割を果たしたという（兵本達吉『日本共産党の戦後秘史』産経新聞社、二〇〇五年参照）。

(24) 関谷・坂元編、前掲書、一九九八年、二五頁。

(25) 大野光明「越境する運動と変容する主体――ジャテックの脱走兵支援運動・米軍解体運動を中心に」『Core Ethics』四（立命館大学大学院先端総合学術研究科）、二〇〇八年三月、四五頁。

(26) 道場親信『占領と平和――〈戦後〉という経験』青土社、二〇〇五年、四四八頁。

(27) 小田実・鈴木道彦・鶴見俊輔編『脱走兵の思想』太平出版社、一九六九年、一六七―一六八頁。

(28) 吉川勇一「国境をこえた「個人原理」」岩崎稔・上野千鶴子・北川暁大・小森陽一・成田龍一編『戦後日本スタディーズ②　六〇・七〇年代』紀伊國屋書店、二〇〇九年、二七六―二七八頁。

(29) 吉岡忍「模索のなかへ―反戦と変革」『べ平連ニュース』三六、一九六八年九月一日（ベトナムに平和を！市民連合編『べ平連ニュース・脱走兵通信・ジャテック通信・縮刷版』（以下、『縮刷版』と表記）、べ平連、一九七四年、一六二頁）。

(30) 海老坂武「脱走兵支援運動の主体的根拠――脱走兵への共鳴の質を問う」小田実・鈴木道彦・鶴見俊輔編、

前掲書、一九六九年、四一頁。

(31) カナダの「アメリカ反戦者援助委員会」(バンクーバー、トロント、オタワ、モントリオールに事務局は「経済的な援助、住居の斡旋、移民申請についての法律的な相談・援助を行な」い、「移民申請の許可がおりない場合[…]適当な仕事をみつけてかくまう」ことを目的とする。スウェーデンは政府レベルで人道的亡命者として脱営兵の入国を許可し、七日につき一二〇クローネを社会保障費として支給、スウェーデン語を習得すれば外国人旅券を支給し自由に就業できるようにした(清水知久・古山洋三・和田春樹編『米国軍隊は解体する——米国反戦・反軍運動の展開』三一書房、一九七〇年、一〇二頁)。

(32) バロネス・オルツィ、山崎洋子訳『紅はこべ』講談社、一九九八年。

(33) 最も有名な「児童大量疎開作戦」は第二次世界大戦直前の一九三八～一九三九年にイギリス主導で進められた「児童輸送(Kindertransport)」である。ドイツのナチやスペインのフランコの支配から逃れた多くの児童をイギリスやベルギーなどの西欧諸国と旧ソ連、メキシコへ避難させた。

(34) 김예림「현해탄의 정동——국가라는 "슬픔" 의 체제와 밀항(玄界灘の情動——国家という「悲しみ」の体制と密航)」『석당논총』49、二〇一一年、三一一頁。

(35) 室謙二、前掲書、二〇一一年、二三二頁。

(36) 小中陽太郎「脱走兵援助活動について——「反戦と変革にかんする国際会議」での報告」ベトナムに平和を!市民連合編、前掲書、一九七四年、四二四頁。

(37) 吉川勇一、前掲書、二〇〇九年、二五一頁。

(38) このため、一九九三年頃、『産経新聞』などは旧ソ連の「極秘資料」を根拠にベ平連がソ連KGBのエージェントであると攻撃を始めた。実際にソ連はこの脱営兵たちを反米運動の一環に利用しようとし、特にイントレピッドの四人の亡命が世界的な波紋を呼び起こすと、将校や戦闘機操縦士でなければ亡命を受け入れないとの意思を披瀝する。この点については吉川勇一『民衆を信ぜず、民衆を信じる』第三書館、二〇〇八年、二二九―二二四頁、室謙二、前掲書、二〇一一年、二〇五―二二六頁参照。

(39)『べ平連ニュース』二七、一九六七年一二月一日(ベトナムに平和を!市民連合編、前掲『縮刷版』一九七四年、九三—九七頁)。

(40)例えば、一九六八年一一月に「反共挺身隊」という右翼団体がべ平連事務所を襲撃し抗議書を配布したが、この抗議書には「脱走兵をかくまうとは売国的行為」という表現がある(「暴力事件の経過」『べ平連ニュース』二八、一九六八年一月一日、ベトナムに平和を!市民連合編、前掲『縮刷版』一九七四年、一〇四頁)。

(41)関谷滋、前掲書、一九九八年、二二頁。

(42)『べ平連ニュース』二七、一九六七年一二月一日(ベトナムに平和を!市民連合編、前掲『縮刷版』一九七四年、一〇一頁)。

(43)関谷・坂元編、前掲書、一九九八年、二九頁。

(44)脱営兵に関して、米軍は日本側に捜査と身柄引渡を要請し、日本はこれに応じることになっているが、脱営兵に関する情報を米軍が必ず日本側に提供しなければならないわけではなかった。よってベトナム戦争期の米軍脱営兵について、日本の警察は「脱走兵の取扱について」(一九六八年七月二三日)という通達を発令し、捜査のうえ逮捕し米軍に身柄を引き渡す義務のみを負った。この通達が廃止されて情報共有が決定されたのは二〇〇八年五月二二日である(外交防衛調査室・課、「日本の当面する外交防衛分野の諸課題——第一六九回国会(常会)以降の主要な論点」『ISSUE BRIEF　調査と情報』六一四、国立国会図書館、二〇〇八年五月二九日)。

(45)関谷・坂元編、前掲書、一九九八年、二五頁。

(46)本野義雄「記憶の底から」関谷・坂元編、前掲書、一九九八年、四〇三頁。

(47)斎藤憐「死ぬのが怖かった若者たち」関谷・坂元編、前掲書、一九九八年、四三五頁。

(48)「レポ船」と根室ルートについては本田良一『密漁の海で——正史に残らない北方領土』凱風社、二〇〇四年。

(49)塩澤由典「金東希と政治亡命」ベトナムに平和を!市民連合編、前掲書、一九七四年、四二〇頁。

(50) 弟子屈事件とは、一九六八年一一月、米軍脱営兵が北海道弟子屈で日本の警察に逮捕され、米軍に引き渡された事件である。後日、米軍脱営兵に同行した米軍「スパイ」の情報提供に従った捜査だったことが明らかになった。米軍脱営兵の案内役であったジャテックの一員、山口文憲は翌年二月に別の嫌疑で逮捕される。弟子屈事件により米軍脱営兵を海外へ逃がす「根室ルート」は閉鎖された。この事件の経緯については関谷・坂元編、前掲書、一九九八年、九四-一〇三頁を参照。

(51) 当時ジャテックの責任者であった高橋武智は、アルジェリア民族解放運動とベトナム反戦運動を支援したヨーロッパの多様な活動家グループとの協力によって、米軍脱営兵士をヨーロッパに「輸送」できたと証言している(高橋武智、前掲書、二〇〇七年参照)。

(52) 米国留学中に徴兵された日本人は清水徹雄だけではない。例えば、米国に観光ビザで入国し永住権を獲得した近藤丈志は一九六八年一二月に米軍に入隊し、ベトナム戦線で一九六九年七月に戦死した。彼もまた米国市民権獲得のために入隊を選んだのだという(『朝日新聞』一九七〇年六月八日)。

(53) 清水徹雄「私の履歴」『ベ平連ニュース』三七、一九六八年一〇月一日(ベトナムに平和を!市民連合編、前掲『縮刷版』一九七四年、一七二頁)。

(54) 『ベ平連ニュース』三七、一九六八年一〇月一日(ベトナムに平和を!市民連合編、前掲『縮刷版』一九七四年、一七一頁)。

(55) 清水徹雄君を守る弁護団「日本国民に呼びかける」『ベ平連ニュース』三七、一九六八年一〇月一日(ベトナムに平和を!市民連合編、前掲『縮刷版』一九七四年、一七二頁)。

(56) 関谷滋「イントレピッドの四人とジャテックの誕生」関谷・坂元編、前掲書、一九九八年、八九頁。

(57) 関谷滋、同右、一九九八年、八八頁。

(58) 加納和子「日本国憲法と清水君への疑問」『ベ平連ニュース』三七、一九六八年一〇月一日(ベトナムに平和を!市民連合編、前掲『縮刷版』一九七四年、一七二頁)。

(59) 吉岡忍「非〈英雄〉のスタートライン」『ベ平連ニュース』三七、一九六八年一〇月一日(ベトナムに平

和を！市民連合編、前掲『縮刷版』一九七四年、一七一頁）。
(60)「清水徹雄君を支持するカンパのお願い」ベトナムに平和を！市民連合編、前掲書、一九七四年、四五七頁。
(61)『べ平連ニュース』三七、一九六八年一〇月一日（ベトナムに平和を！市民連合編、前掲『縮刷版』一九七四年、一七一頁）。
(62) 小田実、前掲書、一九九五年、二〇九頁。
(63) 小田実、同右、二一六頁。
(64) 角南俊輔「彼には日本国憲法がある」ベトナムに平和を！市民連合編、前掲書、一九七四年、四五九頁。
(65) 角南俊輔、同右、四五八頁。
(66) 栗原貞子「ドラフト・カード」『べ平連ニュース』三七、一九六八年一〇月一日（ベトナムに平和を！市民連合編、前掲『縮刷版』一九七四年、一七三頁）。
(67) 西垣通編著訳『思想としてのパソコン』NTT出版、一九九七年。西垣通はこの本で、ベトナム戦争時の米軍が戦略樹立と管制に使用したメインフレームコンピューターに対抗して作られたのが個人用コンピューターであり、よって個人用コンピューターは反戦平和のための市民らのネットワーク文化の出現であるとしている。
(68) 関谷・坂元編、前掲書、一九九八年、八四頁。
(69) 斎藤憐、前掲書、一九九八年、四三〇頁。
(70) 角南俊輔「彼には日本国憲法がある」ベトナムに平和を！市民連合編、前掲書、一九七四年、四五七－四五八頁。
(71)『べ平連ニュース』四〇、一九六九年一月一日（ベトナムに平和を！市民連合編、前掲『縮刷版』一九七四年、一九四頁）。
(72) 金鎮洙と金東希の脱営と「亡命」に関する以下の内容は、権赫泰「〝권혁태의 또 하나의 일본〟――평화

적이지 않은 평화헌법의 현실（権赫泰のもうひとつの日本――平和的でない平和憲法の現実）」『한겨레21』第八七八号、二〇一一年九月二六日に大幅な加筆・修正をしたものである。

（73）小中陽太郎「脱走兵援助活動について――「反戦と変革にかんする国際会議」での報告」ベトナムに平和を！市民連合編、前掲書、一九七四年、四二二頁。

（74）玄武岩「グローバル化する人権――「反日」の日韓同時代史」岩崎稔・上野千鶴子・北田暁大・小森陽一・成田龍一『戦後日本スタディーズ③ 八〇・九〇年代』紀伊國屋書店、二〇〇八年参照。

（75）後日日本に訪れた金鎮洙に会った小田実の回想によれば、戦争孤児という金鎮洙の話は嘘であったという（小田実、前掲書、一九九五年、一六三頁）。金鎮洙についての詳細な内容については、권혁태「잃어버린 사람을 찾아서②――유럽으로 망명한 미군 탈영병 김진수」『황해문화』二〇一四年여름호（통권 八三호）を参照。

（76）テリー・ホイットモア、吉川勇一訳『兄弟よ俺はもう帰らない』第三書館、一九九三年、二二一頁。

（77）小田実、前掲書、一九九五年、一六二頁。

（78）関谷・坂元編、前掲書、一九九八年、四三頁。

（79）一九六八年に結成された共産主義者同盟マルクス・レーニン主義同盟を指す。毛沢東の思想を日本革命の指導理念として採択した。

（80）関谷滋「ベトナム戦争の時代」関谷滋・坂元良江編、前掲書、一九九八年、四八頁。金鎮洙が北朝鮮行きに同意したかは確かではない。ここで指摘したいのは、同意の有無に関係なくジャテックが彼が韓国生まれの韓国国籍者であるという理由で北朝鮮行きを推進した事実である。よって金鎮洙本人にある「国家人」であることを拒否する心情とは関係無しに、少なくともジャテックにとって彼は「国家を越えた個人」ではなく韓国人あるいは朝鮮人に見えていたということが重要である。

（81）関谷滋、同右、一九九八年、四四―四五、四八頁。

（82）金鎮洙「アメリカ、日本そして世界の人民へのメッセージ」ベトナムに平和を！市民連合編、前掲書、一九七四年、三二二―三二四頁。

(83) テリー・ホイットモア、前掲書、一九九三年、二三九頁。

(84) テリー・ホイットモア、同右、二四三頁。

(85) テリー・ホイットモア、同右、二五二頁。

(86) テリー・ホイットモア、同右、二六〇頁。

(87) 堀田善衞『堀田善衞全集』一〇巻、筑摩書房、一九七五年、二二八―二二九頁。

(88) 堀田善衞、同右、二二八―二二九頁。

(89) 堀田善衞、同右、二二八頁。

(90) 堀田善衞、同右、二三四頁。

(91) 堀田善衞、同右、二三七頁。

(92) 以下は、塩沢由典・片身富士夫編『権利としての亡命を！――金東希問題を考える』京都金東希を守る会、一九六八年を参照。자세하게는 권혁태「잃어버린 사람을 찾아서③――베트남 파병을 '거부'한 두 한국군 병사 김이석과 김동희」『황해문화』二〇一四년 가을호、통권八四호 참조・

(93) 塩沢由典・片身富士夫編、前掲書、一九六八年、二七頁。

(94) 一九六七年三月二三日、参議院法務委員会での社会党国会議員亀田得治の発言。

(95) 『京郷新聞』一九六六年九月二九日。

(96) 塩沢由典「金東希と政治亡命」ベトナムに平和を！市民連合編、前掲書、一九七四年、四一六頁。

(97) 塩沢由典、同右、四一九―四二〇頁。

(98) 鶴見俊輔「金東希にとって日本とはどういう国か」塩沢由典・片身富士夫編、前掲書、一九六八年、七頁。

(99) 김예림、前掲書、二〇一一年、三一四頁。

(100) この点については権赫泰「「平和憲法体制」とアジア――韓国との関連で」『季論21』一、本の泉社、二〇〇八年参照。

第五章　団塊の世代の「反乱」とメディアとしての漫画

『あしたのジョー』を中心に

はじめに

本章では、一九六〇年代の日本のユース・カルチャー（youth culture）の特徴を当時の流行漫画を中心に分析する。一九六〇年代に限定したのは、この時代に起きた二〇代による激烈な政治運動には他の世代とは異なる文化的特徴があり、そこで作り出された文化が、以後の時代に何らかの痕跡を残したと考えられるからである。

日本の社会運動は、一九六〇年の安保闘争から、ベトナム反戦運動と一九六八年の安田講堂占拠に代表される全共闘運動の高揚期を経て、一九七〇年代初頭の連合赤軍によるあさま山荘事件以降、急速に衰退する。一瞬の火花のように輝き急速に消え去った「反乱」を主導したのは、広い意味でのマルクス主義を信奉する左派勢力であった。ただ、これらの勢力は日本共産党の影響下にあったわけではなく、共産党はむしろ「反乱」を主導した新左翼の打倒対象ですらあった。日本共産党と新左翼の対立はマルクス主義革命理論をめぐる路線上の違いによるものではあるが、ここには世代間の対立というもう一つ重要なファクターが作用している。

一九八〇年代以降、若者の思考の中心軸は「階級」から「世代」へと移行するが、こうした現象[1]が一九六〇年代にすでに形成されていたわけではない。ただ、「反乱」を主導したのが、「団塊の世代」と呼ばれる第一次ベビーブーム世代（一九四七～一九四九年生まれ）であったことの含意は無視できない。つまり、一九六〇年代の「反乱」は左右、階級間の対立という性格を持ちながらも、世代間の対立という要因も作用したのである。

「団塊（nodule）」という言葉は、作家・堺屋太一が第一次ベビーブーム世代に注目し、一九七六年に発表した『団塊の世代』に由来する。[2]「団塊の世代」という言葉には、他の世代とは質的に区別される属性があるとの意味が込められている。実際、一九四七～四九年生まれの日本人は約八〇〇万人に達し、量的にも絶対的な比重を占める。敗戦直後に生まれて民主主義教育を受け、高度成長期に大学に入学した世代である。この世代は、政治的で教養主義的な戦前世代（一九二〇年代以前生まれ）や戦中世代（一九二〇年代生まれ）と、脱政治的で個人主義的な大衆消費社会に生まれた一九七〇年代以降の「しらけ」世代（ポスト団塊世代）、新人類、団塊ジュニア世代の中間点に位置する存在として注目を集めてきた。小学校入学以前からテレビを見はじめ（一九五三年ＮＨＫテレビ放送開始)、白黒テレビの普及率が八〇%以上に達した一九六〇年代に中学、高校時代を過ごしたメディア世代である。小学校入学後には「三種の神器」と呼ばれる冷蔵庫、洗濯機、掃除機が身近な存在になった世代である。一九五〇年代後半からインスタントラーメンを食べはじめ、思春期の一九六〇年代中盤には東京オリンピックの開催と新幹線の登場を経験する。大学時代はビートルズ(一九六六年来日公演)を聞き、いわゆる3Cと呼ばれる自動車、エアコン、カラーTVを知り、そして一九六八年には日本のGNPが米国についで第二位に達した時代を生きた。よって「団塊の世代」には、他の世代とは異なる文化的共通性をひとつの層として持つ可能性が相対的に高い。

発達心理学者のエリクソン(Erik H. Erikson)によれば、青年期とは「子ども期の最後の、締めくくりとなる段階」で、「子ども期の同一化(アイデンティフィケーション)を新しい種類の同一化に従属させた時に初めて、最終的に完結」する。この「子ども期と大人期の間」に社会的責任や義務から一時免れる「制度化された心的・社会的モラトリアム」が設けられる。だとすれば、団塊の世代の反乱は大人期の「新しい種類の同一化」を獲得するまでの一時的な「逸脱」に過ぎないことになる。[3] 井上俊はユース・カルチャー(youth culture)を「若者世代に特有の行為様式や価値意識のパターン」と規定し、「離脱」の文化、言い換えれば支配的な成人文化から自由なところがアダルト・カルチャー(adult culture)と異なる、と述べる。[4]

だとすれば、一九六〇年代の団塊の世代の反乱とその文化的特徴は、成人期に入ろうとする移行期に生じた一過性の「逸脱」現象とみるべきなのだろうか。あるいは固有の集合的文化共同体とみるべきなのだろうか？　前者ならば、成人になれば跡形もなく消え去ってしまうだろう。後者ならば、政治的反乱が終わった後も支配文化と緊張関係を保って一定の影響を及ぼしただろう。

岩間夏樹は「団塊の世代」について、旧世代や戦前の価値に抵抗し、「商品で自己表現する」ことをライフスタイルとした消費の世代、そして感性中心主義の世代ととらえる。(5) 岩間はその文化的特徴を、過渡期の逸脱ではなく、固有の思考と行動様式とみているのである。当時、学生運動の渦中にいた小阪修平も、一九六六年のビートルズ来日公演を機に、ロックやフォークが青年たちの支配的な音楽となり、服装も以前の学生服からヒッピー風や長髪へと流行が変わり、演劇ではアングラ演劇が常識になったという。こうして既存の文化的価値は崩壊し、感性的で自由な文化が発生した。その延長線上に一九七〇年代以降の青年文化があるという。(6)

しかし、小熊英二は六〇年代の文化が「革命性」を持っていたという主張に批判的である。小熊は一九六〇年代後半に「文化革命」的な状況が日本にあったというのは後に「誇張された神話」に過ぎず、この時代の反乱は日本が発展途上国から先進国へ激変するなかで生じた格差意識に基づく摩擦現象に過ぎないと断言する。(7) 小阪とは異なり小熊は日本ではゲイ、レズビアン、マイノリティ、女性の領域では運動が起きなかったし、ビートルズ音楽やミニスカートのようなファッションの領域での変化もごく一部の階層に限られ、文学、演劇、映画などの領域でも改革者は二〇代ではなくそれより上の世代であったと主張する。一九六〇年代の文化的変化は二〇代が消費の主体となったために起きたのであり、しかも新たな形態の消費も極めて限定されていた。

小熊の指摘どおり、二〇代が生産者として当時の文化的変化の主体になったとは考えにくい。よって「団塊の世代」の反乱を支配文化への対抗文化の出現として位置づけることはできない。ただ、文化的集合体は常に生産行為を通してのみ形成されるわけでもない。先の岩間のいうように、「団塊の世代」の特徴の一つが「自己表現としての消費」にあったとするならば、他の世代とは異なる消費のあり方は、その文化的集合体としての性格を明らかにしてくれるだろう。新たな文化様式のうち、漫画というメディアの重要性はどれほど強調してもしすぎることはない。団塊の世代によって漫画は特定の年齢層（子ども）の娯楽を脱し、文学や映画のようなメディアの一つになった。メディアとしての「市民権」を獲得したのである。

1　漫画と団塊の世代

まずは「団塊の世代」が漫画にどれほどのめりこんでいたかを確認しよう。一九七〇年に東京大学の学生が読んだ定期刊行物（東京大学広報委員会調査）をみると、第一位『朝日ジャーナル』（週刊、朝日新聞社）、第二位『少年マガジン』（週刊、講談社）、第三位『世界』（月刊、岩波書店）、第四位『文藝春秋』（月刊、文藝春秋社）、第五位『中央公論』（月刊、中央公論社）、第六位『少年サンデー』（週刊、小学館）、第七位『週刊朝日』、第八位『展望』（月刊、筑摩書房）、第九位『エコノミスト』（週刊、毎日新聞社）、第一〇位『サンデー毎日』（週刊、毎日新聞社）の順になっている。[8] 左派／リベラルの時事総合雑誌である『朝日ジャーナル』、『世界』、『展望』とともに漫画週刊誌の双璧をなす『少年マガジン』と『少年サンデー』が一〇位内に入っている。東京教育大学（現筑波大学）新聞が一九六九年に同大学の学生を対象に行った調査でも、『少年サンデー』が週刊誌のなかでは『朝日ジャーナル』についで第二位にあがり、京都大学新聞の一九六八年調査でも『少年サンデー』はベスト5に入った。(9)

漫画週刊誌『少年ジャンプ』（集英社）が一九七〇年末に東京都内の書店で同誌を購入した四二八名を対象に行った調査によれば、購入者の内訳は大学生が二七％、高校生・浪人生が一九％、給与所得者が一九％、商工自営業者が一三％、中学生が一一％、小学生が七％で、年齢別では一九～二二歳が四三％、一四歳以下は一五％だった。当時、『少年ジャンプ』、『少年マガジン』、『少年サンデー』、『少年キング』、『少年チャンピオン』の実売部数はあわせて約三〇〇万部なので、このうち九〇万部程度を大学生が購入したことになる。(10) また、大学生の数は一九六五年に一〇〇万人を突破し、一九七一年に約一六七万人（四年制一四〇万人、二年制二七万人）であることから、大学生の半数強が一週間に一冊ずつ漫画雑誌を購入した計算となる。(11) よって全共闘世代では、思想的急進性を支えるマルクスなどの各種思想書の読書傾向と、漫画を読む傾向は共存していたといえる。進歩的な週刊誌『朝日ジャーナル』が一九七一年に「マルクスと漫画」を特集したり、『思想の科学』が一九六〇年代以降、漫画記事を多く掲載し、一九七八年には「生きのこった青年文化・漫画〈主題〉」という特集を組んだのは偶然ではない。

つまり、一九七〇年代以降、大学生の脱政治化が急速に進む一方で漫画が身近になった状況は、一九六〇年代にほぼ原型ができていたと言える。京都大学の読書調査によれば、漫画を「よく読む」あるいは「比較的よく読む」と答えた人は、一九六九〜七二年卒業生、一九七三〜七六年卒業生、一九七七〜八〇年卒業生、一九八一〜八四年卒業生の場合、それぞれ一七・一％、三三・九％、四五・二％、四五・九％と急激に上昇している。これに対し思想書の場合はそれぞれ七二％、七一・四％、六四・四％、三三・八％と一気に減少した。[12] 大学生の漫画ブームについて、当時東京大学教授であった菊池昌典は「非理性的な自己破壊」[13] だと指摘したが、こうした世間の評価とは関係なく、一九六〇年代末に流行した「左手に『朝日ジャーナル』を、右手に『少年マガジン』」というフレーズは、全共闘の学生らの日常生活に漫画が深く入り込んでいたことをよくあらわしている。

言うまでもなくそれは、この世代が漫画を読んで育った世代であることと無関係ではない。団塊世代を熱狂させた漫画は主に、大河小説と比肩される劇画的手法を用いたストーリー漫画である。ストーリー漫画は手塚治虫を始祖とする。手塚の革新的手法が現代日本漫画の基礎をなしたといっても過言ではない。「手塚の物語構成の手法は、劇画や少女マンガによって受け継がれ、変革され、さらに発展した」[14] と評価されるほど、日本の漫画は手塚の出現を契機に著しく変化した。まさに団塊の世代は少年期に手塚漫画を読んで成長したが、この人々が年を取り上級学校に進学するにしたがい、漫画は少年の娯楽ではなく、青年や大人の文化となっていく。彼らは親世代とは異なり、最大の消費者として漫画の市場を支え、漫画を独立したメディアとみなした。「マンガが子どものお菓子だった時代があった。そしてつぎにマンガは読書になった。それでいまはどんな時代かというと、読書から離れて、ファッションになった時代だと思うんです[15]」と語る手塚の分類にしたがえば、一九六〇年代の青年にとって、漫画も読書というメディアの一種だったのである。

漫画読者の高年齢化にしたがって、市場の分化も本格化する。なかでも最も重要なのは青年層を対象とする劇画中心の漫画雑誌の出現である。一九五九年に創刊された漫画週刊誌『少年マガジン』、『少年サンデー』が、一九六〇年代中盤から青年層を狙った劇画を集中的に連載したのも、そうした変化のあらわれであった。青年知識層を読者とする月刊漫画雑誌『ガロ』が創刊されたのも一九六四年である。『コミックマガジン』(一九六六年創刊)、『週刊漫画アクション』(一九六七年創刊)、『ヤングコミック』(一九六七年)、『ビッグコミック』(一九六八年創刊)なども、団塊の世代をターゲットとしていた。漫画は少なくとも一九六〇年代後半の大学生にとって、極めて重要な文化様式の一つであったことは明らかだ[16]。団塊の世代が消費の主体として成長するなかで、漫画以外のメディアも特定の世代だけをターゲットとするようになっていった。TBSの「ヤング720」と「ヤングジャンボリー」が始まったのは一九六六年であり、毎日放送の「ヤングおー！おー！」は一九六九年、「ポップヤング」(テレビ朝日)は一九七〇年に始まった。ラジオでは「ABCヤングリクエスト」(朝日放送、一九六六年)、「歌え！MBSヤングタウン」(毎日放送、一九六七年)、「セイ！ヤング」(文化放送、一九六九年)、「ヤングタウン東京」(TBS、一九六九年)のような団塊の世代を狙った番組が始まった[17]。こうしてみると、団塊世代をターゲットにしたメディアの台頭には、消費社会へと本格的に突入する日本社会において、人口の中に大きな比重を占めるメディア世代の出現という市場の変化がその背景にあったと見なければならない。

2 「革命」テキストとしての漫画メディア

団塊の世代はどのような漫画を読んだのだろうか。一九六〇年代に大学生たちに爆発的な人気を博した白土三平は、卓越した唯物史観と階級闘争の歴史を描いた。一九五九年から一九六二年にかけて全一七巻が出版された『忍者武芸帳』や一九六四年から一九七一年まで『ガロ』に連載された『カムイ伝』は、前近代の被差別部落民と農民たちの生活と反乱を忠実に描いた作品である。大学生がどれほど強く支持したかは、一九六七年に『サンデー毎日』が六大学の学生を対象に行ったアンケート調査で、後にノーベル賞を受賞する大江健三郎や吉永小百合を退けて、漫画家白土三平が「いい感じのする日本人」の一位に選ばれたことからもわかる。[18]『カムイ伝』は階級意識と唯物史観の重要なテキストとして、新左翼系の学生らに圧倒的な影響を与えた。彼らは白土の漫画をマルクスの社会変革理論の代用テキストとして読んだのである。『ガロ』に掲載された大学生の投書は、そうした風潮をよくあらわしている。

私は京都大学経済学部の大学院に在籍し、マルクスの革命思想を研究し、公式的な石頭的公認マルクス主義から、新たな生々しい思想としてのマルクス主義の再生を日夜祈りながら勉強しております。ついては、白土三平氏のマンガは、私の問題意識に極めて鋭く迫るように思われ、全く、全神経を緊張させて読ませていただいております。新たな大衆社会論が云々されて知的荒廃著しきなかにあって、氏の原則の主張は、全く貴重な提言だと信じます。[19]

この大学院生は、後にパルチザン闘争による暴力革命を唱え、指名手配を受けて約一〇年間の逃亡生活を送ることになる滝田修である。ここでいう「公式的な石頭的公認マルクス主義」とは、いうまでもなく日本共産党を指し、大衆社会論とは産業化が高度に進めば文化と生活様式の均質化が生じ、政治に無関心な大衆が多数を占め、階級対立を前提とした社会主義革命が不可能となるという松下圭一らの理論である。[20]滝田は白土の作品に、権力闘争を放棄した日本共産党への怒りと、社会主義革命などあり得ないとする大衆社会論への拒絶を読みとった。大学生らが圧倒的に支持したのは、脱革命化・脱暴力化する日本社会への批判的視線をそこに見出したからだ。漫画評論家の米沢嘉博の指摘どおり、一九六〇年代後半から一九七〇年代前半に学生運動が高揚するとともに漫画も「革命の時代」へ移行していったのである。[21]よって、この時期に登場した漫画家たちが体制批判のメッセージを激烈な暴力肯定に込めたのは偶然ではない。評論家酒井角三郎は、一九六〇年代後半の漫画には、「戦後民主主義の奈落の底、あらゆる楽観的幻想が消えては現れる環境にあって、絶望を語るには口を持たず、怒るには手を持たない無数の孤立者の怨念が託され」ており、「その後、六〇年代後半の諸闘争の周辺から、この管理社会と近代文明に違和を感じ始めた大衆のゲバ棒を内在化しようとする情念[22]」が込められていたという。

オーストラリアの日本史研究者テッサ・モーリス＝スズキ（Tessa Morris-Suzuki）は、メディアを通して歴史は再現されると指摘し、漫画というメディアにそなわる表現の無限の自由に注目する[23]。漫画は公的な言説圏から排除されたり周辺化された表現を公にすることができるメディアである。しかも従来のメディアよりもはるかに柔軟で安価に特定のイメージを再現・加工できる特質をもっている。ときには公的な言説圏には絶対に登場しない奇想天外な素材や表現様式がみられ、読者はこれを自己完結的なストーリーとイメージとして受け取ることになる。大学生の間で漫画ブームが起きたのは、公共メディアの扱わないメッセージを漫画というメディアで代替し満足することができたからである。激烈な暴力シーンや荒唐無稽な革命論が漫画に登場し、これを団塊の世代が消費したのは、漫画が単純に社会を一方的に反映したからというよりも、漫画が支配的文化とは異なる独自のメディアとして機能していたことを示す。

3 『あしたのジョー』と全共闘世代

我々は、この歴史的任務を遂行しうることを誇りに思う。我々は、日本の諸同志に、心から感謝する。この歴史的任務を我々に与えてくれたことを。我々は、我々の与えられたこの歴史的任務を最後まで貫徹するだろう。
日本の同志諸君、プロレタリア、人民諸君！
全ての政治犯を奪還せよ！
［…］
そして最後に確認しよう
我々は〝明日のジョー〟であると。(24)

これは一九七〇年三月三一日に東京発福岡行飛行機をハイジャックし、平壌へ亡命した赤軍派が残した声明の一部である。この声明で目を引くのは、自らの激烈な政治路線と運命を『あしたのジョー』という漫画で表現していることだ。漫画という文化様式が団塊の世代の日常生活にどれほど深く入り込んでいたがわかる。よって一九六〇年代の大学生たちの政治的反乱を文化的コードから解釈するためには、『あしたのジョー』を含む漫画がなぜ爆発的に読まれ、その漫画に何が投影・反投影されたのかを理解せねばならない。

だからといって、白土の漫画のように『あしたのジョー』にマルクス主義や過激な政治的メッセージが込められているわけではない。赤軍派が自身の心情を喩えた『あしたのジョー』はマルクス主義理論や変革理論とはほど遠い、ボクシングを題材とした少年の成長ドラマに過ぎない。『あしたのジョー』は『少年マガジン』に一九六八年一月一日から一九七三年五月一三日まで連載されたボクシング漫画であり、全共闘運動の高揚と急速な衰退と時期を同じくしている。その後、単行本が出版され爆発的な人気を博し、アニメや映画、ドラマ、ゲームまで製作された[25]。少年院で育った不幸な孤児が東京の貧民街である山谷に流れつき、ボクシングを始めて世界チャンピオン戦で死を迎えるという劇画ふうの作品である。『あしたのジョー』はなぜ団塊の世代に爆発的な人気を得たのか。白土の漫画に現れた唯物史観と階級闘争とは異なる『あしたのジョー』に、全共闘の学生たちは何を読み取ったのか。団塊の世代の評論家・荒俣宏は、自身の漫画経験について次のように証言する。

六〇年代末を青春としている団塊世代はこの『巨人の星』と、そして『あしたのジョー』に添い寝してもらいながら、自分の生きていくイメージをつくっていたというところがある。[…]まさに添い寝としかいいようのない関係を、生活と少年漫画週刊誌が切り結んでいた。一週ごとにともに成長していってくれる、風変わりだが実に教育的なメディアだった。既存のあらゆる学校制度が、こうした真の教育、「形成《ビルドゥング》」の実質を欠き、それにふさわしく閉鎖され、崩壊していた。大学封鎖のため、ぼくも相変わらずもっぱら街でいろいろ「勉強」していた[26]。

ここで引用される『巨人の星』は、貧民街の少年である星飛雄馬があらゆる逆境を乗り越えて超人的な訓練に耐え、一六歳で夢のプロ野球チーム読売ジャイアンツに入団して有名投手として活躍するが、肩の負傷により引退するという物語である。『巨人の星』と『あしたのジョー』はいずれも梶原一騎が原作を担当し、『少年マガジン』に連載された。貧民街出身の少年の成長と挫折という内容も共通する。しかし、白土の漫画のような変革理論のテキストとは異なり、「スポ根」漫画が、急進的なマルクス主義者の言説となぜ共存したのだろうか。もちろん、主人公らの生いたち（貧民街出身）、超人的な努力と精神力、既存の体制への反感、そして挫折へいたる物語に、団塊の世代が自分の運命と生を投影したという解釈もできるだろう。だがこれは漫画というメディアが持つ性格を過度に単純化する解釈である。

北田暁大はこうした現象を一九六〇～七〇年代のサブカルチャーで生じた「「思想」の包括性・中心性の「脱構築」」と表現する。そして「マンガといった言語・記号メディアの価値を、マルクス主義のような特定の世界像＝メッセージによって測定するのではなく、マンガに固有の論理でもって見定めていくという感性」だという。[27] 白土の漫画がマルクス主義にもとづいた最も優れた変革理論の代用テキストだったとすれば（この場合、漫画はマルクス主義を広めるための手段に過ぎない）、『あしたのジョー』などの漫画はそれ自体が独自の固有性と法則を持つ自己完結的なメディアである。だから漫画が伝えるメディア記号とストーリーの構成が一つの思想性を持ち、団塊の世代の心を摑んだというわけだ。端的に言えば、団塊の世代にとって『あしたのジョー』はひとつの社会理論だったのである。したがって『あしたのジョー』が論理的自己完結性をもった思考体系だとしたら、その特徴を明らかにしなければなるまい。

まず、『あしたのジョー』のおもな登場人物を簡単に紹介しておこう。①主人公矢吹丈。矢吹丈がどのような人生を歩んできたのか、この漫画は直接的には説明しない。ただ文脈から推察すると、一九六八年に一五、一六歳であったと思われる。そうだとすれば一九五三年生まれということになり、団塊の世代よりは若干若い。丈は一五歳のころ、独りで東京の貧民街に突然あらわれる。そしてここで起こした様々な事件のために少年院に収監される。少年院でボクシングを習った矢吹は釈放後、プロボクシングの世界に入り、特有の「野性」を発揮して紆余曲折を経ながらも東洋チャンピオンの地位にのぼるが、世界チャンピオン戦で敗北し後遺症により死亡する。②矢吹丈のライバル、力石徹。貧民街で育った力石は、主人公矢吹とは少年院の同期だ。力石は並外れたボクシングテクニックで少年院を出た後に活躍するが、主人公矢吹との試合後、減量の後遺症で死亡する。③矢吹丈のボクシングの師匠、丹下段平。有名なボクシング選手であったが負傷により引退。その後ジムの経営に失敗し貧民街でアルコール中毒に陥っていたところで矢吹に出会い、ボクシングコーチとして再起する。④矢吹丈の少年院での同期生、マンモス西。少年院の頃は矢吹と同様世間への恨みに満ちた「不良少年」だったが、出所後はボクシング選手として活躍するも負傷により引退。その後はスーパーマーケットの店員として誠実に働く。⑤タイ、フィリピン、メキシコ、韓国、ベネズエラ、マレーシアのボクサーたち。主人公矢吹の敵でありながらも、貧困という共通の生活空間を共有している者たちだ。⑥財閥令嬢の白木葉子。白木財閥の一人娘で最新式の設備がそろった白木ボクシングジムの会長である。理知的でありながらも冷酷な美貌の女性である。

『あしたのジョー』の第一の特徴は、苛烈な階級間対立を描いていることである。近代化社会から取り残され、貧しさと家族の解体を背負う貧民街出身の①〜⑤の人々と、高学歴で教養と豊かさを享受する⑥の対立である。都会的なビル、西洋式の立ち居振る舞いと生活、ウイスキー、高級外車、洗練された外見と言葉遣いで形容される権力者や富者たちの生活を、ドヤ街、汚らしいドブ川、掘っ立て小屋、盗み、アルコール中毒、うつろな目をした野宿者、貧民街などで形容される貧しい者たちの生活と空間に対置させる。⑥は常に①〜⑤に敵対的で冷酷だ。矢吹丈はいう。「世の中のやつらはどいつもこいつも一歩へだてたところからしかおれに接しようとはしなかった[28]」。さらに階級的対立の構図は世代間対立とも重なりあっている。この作品には大人の主要人物がほとんど登場しない。大半が主人公矢吹丈のような少年・青年である。端役である貧民街の大人は、支配的権力ではなく無気力な小市民である。矢吹丈と親しくなるボクシングの師匠、丹下段平はみすぼらしい身なりをした「時代おくれ」なアルコール中毒者にすぎない[29]。

第二の特徴はこうした階級的・世代的対立の構図を永遠に解消しない関係として描いていることである。貧民の代表である矢吹丈が、持てる者に対して注ぐ憎悪と暴力は、両者間の緊張と対決が妥協の余地無き終わりなき闘いであることを浮き彫りにする。白木（⑥）の「求愛」、「懐柔」を矢吹が繰り返し拒絶するのは、両者の関係が個人的な温情主義では解決できないことを示す。矢吹丈の妥協しない生き方と対照をなすのは、矢吹丈のライバルである力石徹（②）である。主人公矢吹丈とは少年院時代からライバルであった力石は、矢吹丈と同様に少年院出の貧しいボクサーだったが、矢吹とは異なり体制（⑥）に迎合して出世の階段を一歩ずつ登っていく（しかし結局は矢吹との試合後に死亡する）。矢吹と力石の対立する世界観を評論家の寺山修司は「誰が力石を殺したか」という追悼の辞で、次のように指摘する。

力石はスーパーマンでも同時代の英雄でもなく、要するにスラムのゲリラだった矢吹丈の描いた仮想敵、幻想の体制権力だった。［…］力石は死んだのではなく、見失われたのであり、それは七〇年代の時代感情のにくにくしいまでの的確な反映であると言うほかはないだろう。東大の安田講堂には今も消し残された落書が「幻想打破」とチョークのあとを残しているが、耳をすましてもきこえてくるのはシュプレヒコールでもなければ、時計台放送でもない。矢吹丈のシュッ、シュッというシャドウの息の音でもない。ただの二月の空っ風だけである。[30]

寺山は、力石は体制ではなく、もちろん力石が死んだからといって体制が崩壊するのではないという。依然として体制が生きているのに、これに反対しなければならない学生たちの闘争は崩壊寸前であり、絶望のなかで闘いを続けねばならない孤独な矢吹だけが残されているというのだ。よって力石は⑥の代理人であるがゆえに、力石の死は貧民街の立身出世主義の挫折にすぎず、⑥に代表される体制の崩壊ではないのである。

矢吹丈の妥協しない生き方と対照をなす人物がもう一人いる。矢吹の親友マンモス西（④）である。矢吹丈は西の結婚式に参席して言う。「おれたちふたりはずいぶんはでになぐりあったっけ……。そのなぐりあいがこっちは商売になっちまって……おめえは、ふふふ……ちんまりおとなしくおさまりやがって模範少年。こんなかわいい嫁さんをものにして……。まあせいぜいしあわせになってくれや！」[31]。矢吹丈は親友マンモス西の「変身」——不良少年から模範少年へ——を嘲笑うことで世間との終わりなき闘いを自らに刻み込む。そして矢吹はいう。「ほんのしゅんかんにせよ、まぶしいほどまっかに燃えあがるんだ。そして、あとにはまっ白な灰だけがのこる……」[32]。

こうしてみると、貧民街で生まれ育った者がそこから脱出する二つの方法、立身出世主義と平凡な中産層としての生活のいずれも矢吹丈は拒否したことになる。矢吹丈を通して全共闘世代は、努力や勤勉にもとづく階級上昇の拒否を確認した。勝ち目のない闘いだと知りながらも、終わりのない挑戦をする一種の「敗北の美学」である[33]。

だがもうひとつ重要な問題がある。それは一九六〇年代以降、日本で急激に進んだ消費社会化だ。消費社会とは「資本主義が高度に発達して生理的欲求を充足させるための消費に留まらず、文化的社会的要求を充足するための消費が広範囲に行われる社会」と定義できる。一九六〇年代にその原型が作られ、一九七〇年代に花開いた消費社会は、既存の秩序への新たな挑戦と脅威でありながら、階級対立を脆弱にする。例えば、すでに言及した長髪、ミニスカート、ジーンズ、ヒッピーといった新たな文化は、旧来の支配文化に対抗するものといえる。ただし同時に消費社会の産物であり、資本主義体制への包摂でもある。団塊の世代は、消費社会に包摂されて文化的集合体を形成しながらも、その消費社会を生んだ資本主義体制に敵対する自己矛盾に陥っていた。こうした自己矛盾に対する矢吹の姿勢は断固としていた。矢吹丈を慕う乾物屋の娘は問う。

同じ年ごろの青年が海に山に恋人とつれだって青春を謳歌しているというのに、矢吹くんときたらくる日もくる日も汗とワセリンと松ヤニのにおいがただようようすぐらいジムにとじこもって、なわとびをしたり柔軟体操をしたりシャドー・ボクシングをしたりサンドバッグをたたいたり。

食べたいものも食べず、のみたいもののものまず。みじめだわ。悲惨だわ。青春と呼ぶにはあまりにもくらすぎるわ！

これに対し矢吹は「そこいらのれんじゅうみたいにブスブスとくすぶりながら不完全燃焼しているんじゃない　ほんのしゅんかんにせよまぶしいほどまっかに燃えあがるんだ[34]」と答え、消費社会への敵対心を露わにする。だとすれば、矢吹丈に代表される革命的禁欲主義は消費社会的感受性とどのように並存したのだろうか。上野千鶴子の次のような証言は極めて印象的である。

一九七〇年代、学園闘争が敗北して時代が翳り出した冬、都内の路上で過激派の女子学生が逮捕された。そのとき彼女は、くるぶしまで届くマキシコートにひざ上の超ミニスカート、という流行の最先端を行くファッションで、トンボめがねをかけるという、当時の典型的なキメ方をしていた。［…］翌朝の各新聞は、路上逮捕のときの光景を、こぞって写真入りで報道した。その上、話題を呼んだのは、そのとき彼女が、こわきに『アンアン』をかかえていた、という事実だった。［…］もちろんここでは、カクメイに挺身する女がおしゃれなんて、という旧サヨクの禁欲倫理なぞ、はなから問題にならない。[35]

『アンアン』とは、一九七〇年に創刊された若い女性を対象とした専門雑誌である。ファッション専門誌とミニスカートが消費社会的感受性を示すものだとすれば、この女性の属した政治団体は革命的禁欲主義を象徴する。団塊世代は一九六〇年代の「左手に『朝日ジャーナル』を、右手に『少年マガジン』」から、「左手に『朝日ジャーナル』を、右手に『アンアン』と『少年マガジン』」へと進化したのである。

こうした消費社会をめぐる自己矛盾をよく示すのが、一九七一年に発生した連合赤軍によるリンチ殺人事件である。連合赤軍が山岳ゲリラ訓練中、女性四人を含む一二人の同志を粛清・殺害した事件は、日本の学生運動が一気に勢いを失う契機となった。評論家の大塚英志は、四人の女性が指輪やヘアスタイル、化粧、服装などを理由に粛正されたことをあげて、この悲劇は都市ゲリラ路線と山岳革命主義の対立が原因なのではない、「連合赤軍の人々が排除しようとしたのは、女性たちの中で革命思想とかくも容易に共存してしまうこの種の消費社会的感受性」だったと指摘する。[36]

矢吹自身も団塊の世代の自己矛盾を抱えていた。いつも長髪にくたびれた野球帽をかぶり、ジーンズを履いている。公的なパーティーでも正装を拒否する。立身出世主義を拒否する力石やマンモス西が初期の自由な服装をやめ、洋服を着るようになるのとは対照的だ。矢吹丈も消費社会が芽吹く一九六〇年代の日本で、既存の秩序への抵抗のアイコンでありながらも、消費社会への包摂を意味する新たなファッションから自由ではなかった。矢吹丈は消費社会的感受性というファッションをまといながらも、それに抵抗する一種の革命的禁欲主義的存在でもあったのだ。

4 『あしたのジョー』と他者——反文明と貧困競争

矢吹丈のこうした体制への拒否と破壊を意味する「革命性」は何を志向したのだろうか。『あしたのジョー』にはメキシコ、ベネズエラ、タイ、マレーシア、フィリピン、そして韓国出身のボクサーが登場するが、このなかで個人的な生い立ちが描かれるのはマレーシア先住民のボクサーと韓国人のボクサーだけだ。

マレーシアのボクサーは、矢吹丈が失ってしまった野性を取り戻すためのカンフル剤として物語に登場する。マレー語で虎を意味する「ハリマオ」という名を持つこの選手は、マレーシアの密林にある「原住民」の村で生まれ、特殊な「原住民語」だけを理解する戦士である。偶然この村を訪れたイギリス人記者からボクシングを学び、マレーシアのボクシング界で破竹の連勝を果たす。だが「文明化」されはしない。

漫画はせりふやナレーションなどの言語記号、人や物品、背景などをイコン的に描く図像記号、擬声・擬音などを図像化した描き文字の三つの記号により構成される。(37) ハリマオの猿のような身振りと奇声に近い「原住民語」は、「遅れた野蛮のアジア」を刻印する記号である。ハリマオはボクシングを教えてくれたイギリス人記者を拳で打ち据えもするし、文明の機器であるカメラのフラッシュをみるだけで極度に興奮する。矢吹丈の表現どおり、ハリマオは文明化されていない、文明化を拒否する「野蛮人」、「エテ公」なのである。ハリマオはボクシングでは禁止されている頭突き、足払い、噛み付きも厭わない。ボクシングは文明化された管理型スポーツであるが、ハリマオにとってボクシングは成文法的規則とは縁の遠い熾烈な自然状態の生存の場なのである。矢吹もこれに共感する。「野獣ってやつはな、危険と見ればなりふりかまわず逃げもするかわり、とことんたん場まで追いつめられりゃ、どんなことをしでかすかわかったもんじゃねえ。食い殺されないため……生きのびるためには手段をえらばねえ」「おれにもそういった時期があったからよくわかるんだ」(38)。『あしたのジョー』で描かれるマレーシアは、「近代文明のアメリカやヨーロッパよりもむしろ、まだまだ未知の神秘につつまれたアジア」(39) である。「文明化されていない野性」としてのアジアなのである。非文明的な野性を矢吹丈の相手役として登場させることで、文明にはまりこんだ矢吹丈が志向しなければならないものが文明ではなく野性＝非文明の世界であることを読者に訴えかける。

マレーシアのボクサーがこのように野性と非文明の記号として登場するならば、韓国人ボクサーは戦争と苦痛の記号として登場する。『あしたのジョー』に登場する外国人ボクサーのなかでも極めて特異な人物として「韓国人」・金竜飛は描かれる。マレーシアのボクサーを除いて、大半の登場人物は、自身のボクシングスタイル、すなわち文化＝アイデンティティ＝性格を形成するに至った歴史的経緯が紹介されない。だが例外的に金竜飛の冷酷なボクシングスタイルがいかなる歴史的背景のもとでできたのかだけは、この漫画では示されている。

金竜飛は朝鮮戦争で父が徴兵され、母は避難の途中で直撃弾をくらい死亡する。独り残された金竜飛には母の死を悲しむ余裕もない。食べるあてを探さねばならないからだ。死体が散乱する野原で、偶然横たわる兵士の懐に食べ物を見つけた少年金竜飛が一心不乱に貪っていると、突然死んでいると思っていた兵士が金竜飛に手を差し出す。金竜飛は食べ物を奪われると思い、脇にあった石を兵士に叩きつけて息絶えさせる。だが後に金竜飛は自分が叩き殺したその兵士は、徴兵された父であったことを知る。この時から金竜飛は血を見ると極度に興奮するようになる。さらにわずかな食べ物のために父を殺した罪責感ゆえに、少しの食べ物しか摂取しない拒食症になってしまう。血に象徴される戦争と、拒食症に象徴される飢えは、韓国社会を表現するメタファーである。試合を控えて減量の苦痛に苛まれる矢吹丈に金竜飛はいう。

減量苦だと？　はっ、そんなものわたしにいわせるならすくなくとも過去に腹いっぱい食った時期がありだらしなく胃ぶくろをひろげてしまったやつのぜいたくさ。ボクシングの世界は弱肉強食だって？　ノーノーままごとだよ。ままごとなればこそ、わたしはいくらでも冷静におちついて……しかも徹底して残酷に、つめたく最後までリングをつとめることができる。グローブや安全なルールで保護されたなぐりあい程度で富や名声が手に入れられるなら実際、そんなものおやすいご用ってところだ。ボクシングはじつにのどかな平和な世界なんだよ。わたしにとっては……。ではハングリー・ボクサー……ではない、ただの体重調整のへたくそな満腹ボクサーよ、それまでごきげんよう。(40)

矢吹丈の「革命性」が、飢え、寂しさ、貧しさ、苦しみといった個人史的悲劇に原因があるとすれば、金竜飛の想像を絶する悲劇的ストーリーは、矢吹丈の「革命性」の必然性を解体させる。なぜなら金竜飛の悲劇は矢吹の悲劇をはるかに上回るからだ。矢吹はいう。「おれは、この金竜飛が……飢えのために父親を石でたたき殺したという話をレストランで聞かされて以来……それ以来……そ、そのくぐってきた地獄のでかさにあぜんとし……こっぴどく劣等感をうけつけられちまった……。減量のへたくそな満腹ボクサーが……あの偉大なる金竜飛に勝てるわけがねえ……と。そう、すっかり思いこんでしまったんだ(41)」。つまり、悲劇的経験の比較をしているのである。よって矢吹の悲劇から生じる革命性は、金竜飛の悲劇の前に力を失う。だがここで悲劇の自発性、主体性があらわれることで事態は反転する。矢吹はいう。

なにかひとつこの金には屈伏しきれないものがあった……。〔…〕ひとにぎりの食料のために親を殺した金はまだしも、水だけはガブのみできたろうが、力石は「水さえ」ものめなかった……！　しかも金は「食えなかった」んだが、力石の場合は自分の意志で「のまなかった」「食わなかった」……！　のまず食わず――それゆえの死とひきかえに……。〔…〕みずからす

金竜飛と矢吹丈。高森朝雄・ちばてつや『あしたのジョー 9』講談社漫画文庫，2000 年，320 頁

すんで地獄を克服した男がいたんだ！
おまえは……じぶんだけがたいへんな地獄をくぐってきたかのようにタテにとり……しかもそいつを自分の非情な強さとやらのよりどころにしているようでは……なあ、はっきり力石におとるぜ！(42)

矢吹は、金竜飛の悲劇は非自発的、非主体的受動態であるが、力石の悲劇は自発的、主体的能動態であると言いたいのだ。実際に矢吹も力石と同じく自発的、主体的能動態として死に至る。こうした設定は、受動的な悲劇としての韓国と能動的な悲劇としての日本という、悲劇をめぐる交錯する視線を明るみに出す。

貧困のような悲劇では革命の必然性を説明できないほど、一九六〇年代の日本は本格的な消費社会の登場を目前に控えていた。資本主義体制で資本蓄積が高度化するほど、労働者の生の質が悪化するという窮乏化理論は現実味を失っていた。よって貧困と革命を代表する矢吹の暴力と破壊の生を、これ以上矢吹自身の個人史的事情（貧困、苦痛など）から説明することはできない。そこで登場するのが、暴力と破壊の必然性を貧困に由来する外在的論理としてではなく、豊かであるにもかかわらず（貧困から抜け出ることができるにもかかわらず）、自らを貧困と苦痛のなかに置く、いわば自発的で主体的選択の問題である。ここに当時の全共闘の学生たちの間で流行した「自己否定」の論理を読み取ることができる。「自己否定」は当時の特権的エリートであった大学生が出世の道を捨て、特権階級の育成機関である大学を解体せねばならないと主張した思想である。立身出世の道を捨て、自らを減量という苦痛のなかに置くことで死を迎えた力石と、彼の生き方に共鳴する矢吹に全共闘の学生たちが自己否定の論理を読み取ったのは極めて自然なことであった。

ところで、漫画に登場する金竜飛の言葉にも注目すべき点がある。言語学者の金水敏が提唱した役割語は、「主にフィクションにおいて、登場人物の人物像あるいは属性と結びついた話し方（発話スタイル、社会方言等）のヴァリエーション」を意味する。たとえば、貴族出身の女性を教養ある口ぶりで、慈愛に満ちた老人を寛大で達観した口ぶりで描写することでそれぞれのキャラクターを浮き彫りにするのが、役割語である。一般的には役割語が形成される初期においては現実に使われた言語が元になった場合もあるが、実際には現実の言語には基盤をおかず、架空の言語をフィクションのなかで誇張して組み込む場合が多い[43]。外国映画などの吹き替えでよくみられるが、黒人の口調をラップスタイルの日本語に置き換えたり、ジョン・ウェインのような白人俳優は重みのあるタメ口に変えるのに対し、韓国人などのアジア人の台詞は尊称を含む話し方へと翻訳される場合が多い。

漫画や小説では外国人の言語を主にカタカナで表記する。カタカナで表記された言語は外国語であることを示す役割語である。例えば、朝鮮戦争期の旧日本軍参戦問題を扱った井上光晴の小説『他国の死』では、韓国人と米国人の言葉をすべてカタカナで表記している[44]。『あしたのジョー』に登場する外国人の言語もカタカナで表記されている。読者はカタカナで表記された言語を日本語ではなく外国語と理解する。だが印象的なのは、『あしたのジョー』に登場する金竜飛と彼のマネージャーである玄曹達少佐だけはひらがな表記の日本語を用いていることだ。玄少佐の場合は年齢からして、植民地時代に日本語を習得したと考えることもできるが、金竜飛の場合は朝鮮戦争の時に五歳程度なのであるから、日本語を習う機会などなかったはずだ。だとすれば、『あしたのジョー』に登場する韓国人には、いかなる役割語も与えられていないことになる。むしろ逆説的ながら韓国人には日本語という役割語が与えられていると見ることができる。つまり韓国人はこの作品において「外国人」ではない。依然として「日本人」なのだ。『あしたのジョー』の金竜飛は主人公矢吹丈の主体的・自発的選択としての「革命性」を立証するための悲劇的ストーリーを持つ「日本内」の他者なのである。(45)

おわりに

以上みてきたように、一九六〇年代に日本で起きた政治的「反乱」は、同時に文化的「反乱」としての性格を持っていた。これは公共の言説圏から排除された破壊と暴力の欲望（革命性）を表現できる漫画メディアが台頭したことを意味する。団塊の世代にとって漫画メディアは、支配的文化とは異なる言説圏であった。それは次の二つの次元においてそうである。第一は内容面で支配的メディアが扱えなかった、それゆえに支配的文化と敵対するほかない革命的熱気を含む多様な文化的欲求（ファッション、音楽、暴力、破壊など）を込めた代替メディアとしてである。もちろん、漫画のほかにテレビのような支配的メディアも団塊の世代を狙った多様なプログラムを企画したが、こうしたプログラムは団塊の世代の量的な比重に注目し、成人期を目前に控えた青年の一過性の「逸脱」現象を文化的な反乱ととらえたに過ぎない。第二は、漫画というイメージメディアが活字中心の支配メディアに対抗するものとして台頭した次元である。これはテレビや漫画のようなイメージメディアを消費し、それを通じて自身を表現する世代が一つの層として出現しはじめたことを意味する。よって漫画はその内容と形式面で活字が支配的なメディアに対抗的な性格を帯びるほかなかった。

だが漫画メディアの対抗的性格は、それが消費社会の産物であることと深く関連している。これは特定の年齢層（団塊の世代）が漫画を購入することだけを言っているのではない。他のメディアでは見いだせない消費文化的要素が漫画には込められているからだ。よって消費文化的要素と反体制的暴力／破壊の欲求を並置させ、これをイメージするという意味で漫画は対抗的メディアだったのである。だが消費文化が支配文化により包摂されたり、下位文化として序列化されるに従い、漫画の対抗的性格は少しずつ色あせていかざるをえない。この過程であらわれたのが反体制的禁欲主義と消費文化の対立であった。前述した赤軍派の「粛清」事件は、一九六〇年代に一時的に並存した反体制的禁欲主義と消費文化の最終的な「破綻」を象徴するものであった。そして『あしたのジョー』における矢吹丈の死も、反体制的禁欲主義の終焉を象徴したのである。

『カムイ伝』が学生運動の急激な衰退とともに一九七一年に幕を下ろしたのは、白土の漫画から読み取られた歴史や闘争といった単語が、一九七〇年代の学生の胸に以前ほど響かなくなったためだ。そして『あしたのジョー』が激烈な革命性の悲劇的ストーリーとしてではなく、貧民街出身の若者の成長物語へ「変身」したのもそのためである。一九七〇年代以降、漫画はメディアの一ジャンルとして市民権を獲得するが、内容的には「革命性」を喪失し、支配文化の下位文化として位置づけられることになる。よって漫画を中心とする団塊の世代の文化的反乱は、その内容におけるものではなく、イメージ文化という形式面での反乱だったのである。

注

（1）宮台真司ほか『サブカルチャー神話解体』パルコ出版、一九九三年。
（2）堺屋太一『団塊の世代』講談社、一九七六年。この小説は一九四七年から一九四九年に生まれた団塊の世代である大卒サラリーマンが、一九八〇年代をどのように生きていくかを扱った近未来企業小説である。よって本章で扱う反乱の主役としての団塊の世代論とは異なる。
（3）E・H・エリクソン、西平直・中島由恵訳『アイデンティティとライフサイクル』誠信書房、二〇一一年、一二四頁。
（4）井上俊『死にがいの喪失』筑摩書房、一九七三年、四五頁。
（5）岩間夏樹『戦後若者文化の光芒』日本経済新聞社、一九九五年、四六―四七頁。
（6）小阪修平『思想としての全共闘世代』筑摩新書、二〇〇六年、一三―一五頁。
（7）小熊英二『1968（上）――若者たちの叛乱とその背景』新曜社、二〇〇九年、九九―一〇〇頁。
（8）竹内洋『教養主義の没落』中公新書、二〇〇三年、二二五頁。

(9)「座談会・漫画文化の時代」『朝日ジャーナル』朝日新聞社、一九六九年八月二五日、一〇二頁。
(10)編集部「〝学生階級〟その今日的構造　第2回マルクスとマンガ（その1）」『朝日ジャーナル』一九七一年四月二日、三二頁。
(11)同右、三二頁。
(12)竹内洋、前掲書、二二七頁。
(13)編集部、前掲「マルクスとマンガ（1）」三三頁。
(14)夏目房之介『マンガはなぜ面白いのか――その表現と文法』日本放送出版協会、一九九七年、四六頁。
(15)手塚治虫『手塚治虫漫画全集別巻・手塚治虫対談集3』講談社、一九九七年、一九三頁（初出は石ノ森章太郎・手塚治虫ほか『漫画超進化論』河出書房新社、一九八九年、一四二頁）。
(16)編集部、前掲「マルクスとマンガ（1）」三一頁。
(17)難波功士「「若者論」論」『社会学部紀要』（関西学院大学）、第九七号、二〇〇四年一〇月、一四三―一四四頁。
(18)四方田犬彦『白土三平論』作品社、二〇〇四年、一〇頁。
(19)宇佐美承「大学生はマンガ好き」『朝日ジャーナル』一九六五年一一月二八日、一〇九頁。
(20)小熊英二『〈民主〉と〈愛国〉』新曜社、二〇〇二年、五五五頁。
(21)米沢嘉博『別冊太陽・少年マンガの世界Ⅱ』平凡社、一九九六年、一一六―一二一頁。
(22)酒井角三郎「マンガにとりついた狂気」『朝日ジャーナル』朝日新聞社、一九七一年一月一―八日、二〇頁。
(23)テッサ・モーリス゠スズキ、田代泰子訳『過去は死なない――メディア・記憶・歴史』岩波書店、二〇〇四年。
(24)田宮高麿「我々は〝明日のジョー〟である」『文藝春秋』文藝春秋社、一九七〇年六月、二八二―二八三頁。
(25)『あしたのジョー』の累積販売数は約二〇〇〇万冊（『週刊現代』二〇〇九年三月一四日、七四頁）である。

韓国では『ハリケーン・ジョー』という名で紹介された。
(26) 荒俣宏・高山宏『荒俣宏の少年マガジン大博覧会』講談社、一九九四年、一四四頁。
(27) 北田暁大『嗤う日本の「ナショナリズム」』日本放送出版協会、二〇〇五年、八一頁。
(28) 高森朝雄・ちばてつや『あしたのジョー』(5)、講談社漫画文庫、二〇〇〇年、三一六頁。
(29) 高森朝雄・ちばてつや『あしたのジョー』(9)、講談社漫画文庫、二〇〇〇年、七五頁。
(30) 寺山修司「誰が力石を殺したか」『日本読書新聞』一九七〇年二月一六日。寺山は漫画のなかの仮装人物である力石徹の葬式を実際に行った。一九七〇年三月二四日に開かれた葬式には約七〇〇人のファンが押しかけ、力石の死を悼むアニメも上映され、仏教式の読経もあったという(竹内オサム『戦後マンガ50年史』筑摩書房、一九九五年、一七一頁)。
(31) 高森朝雄・ちばてつや『あしたのジョー』(12)、講談社漫画文庫、二〇〇〇年、八八頁。
(32) 同右、三〇八頁。
(33) こうした要素ゆえに、『あしたのジョー』にはマルクス主義と階級闘争、世界革命を叫ぶ全共闘学生の姿よりも、大東亜共栄圏のもと戦場で玉砕を叫んだ旧日本兵の姿が投影されているとの主張もある。例えば、漫画家永島慎二は『あしたのジョー』と同じ原作者の書いた『巨人の星』には日本人の古い精神が込められているというが、これは『あしたのジョー』にもあてはまる(「座談会・漫画文化の時代」『朝日ジャーナル』朝日新聞社、一九六九年八月二五日、一〇二頁)。
(34) 高森朝雄・ちばてつや、前掲書(12)、三〇六—三〇八頁。
(35) 上野千鶴子『増補〈私〉探しゲーム——欲望私民社会論』ちくま学芸文庫、一九九二年、一四三頁。
(36) 大塚英志『「彼女たち」の連合赤軍』角川文庫、二〇〇一年、二三頁。
(37) J・ベルント、佐藤和夫・水野邦彦訳『マンガの国ニッポン——日本の大衆文化・視覚文化の可能性』花伝社、二〇〇七年、一二四頁。
(38) 高森朝雄・ちばてつや『あしたのジョー』(11)、講談社漫画文庫、二〇〇〇年、三六九頁。

(39) 同右、五五頁。
(40) 高森朝雄・ちばてつや『あしたのジョー』(9)、講談社漫画文庫、二〇〇〇年、三〇三―三〇四、三一九頁。
(41) 高森朝雄・ちばてつや『あしたのジョー』(10)、講談社漫画文庫、二〇〇〇年、六三―六四頁。
(42) 同右、六五―六六、七三頁。
(43) 金水敏「日本マンガにおける異人ことば」伊藤公雄編『マンガのなかの〈他者〉』臨川書店、二〇〇八年、一六頁。
(44) 井上光晴『他国の死』河出書房、一九六八年。
(45) これをもって『あしたのジョー』が朝鮮への差別意識に囚われていたと言いたいわけではない。しかしながら『あしたのジョー』の時代背景である一九六〇年代の日本が、朝鮮半島に対してどれほど「意識的な無知」状態にあったのかをよく示す事例であろう。『あしたのジョー』の原作者である梶原一騎が、一九七〇年に出版された『おとこ道』で「第三国人」という表現を使い、関連団体から抗議を受けて連載を中止したのもこうした「意識的な無知」と無関係ではない。連載中止事件については、梁仁實「日本のマンガにおける他者との遭遇」伊藤公雄編『マンガのなかの〈他者〉』臨川書店、二〇〇八年、一四〇―一四二頁を参照せよ。

第六章　広島の「平和」を再考する
主体の復元と「唯一の被爆国」の論理

はじめに

歴史とは記憶の再生産である。ある特定の時空間で起きた出来事が、個人の直接的体験を超えて多くの人々の記憶として共有／再生産されるのは、そのための様々な装置が作用するためである。装置の主体はときに国家であり、ときに民族であり、ときに階級である。これらの主体は教科書や博物館、メディアによって集団内で記憶を共有しようとする。この過程を経て、ひとつの事件は個人の記憶の蓄積の上に集団の記憶として収斂する。同じ歴史的事実をめぐって集団間の記憶の差異が生じるのは、互いの記憶装置の作用が異なるためである。

こうした記憶のメカニズムは広島・長崎の被爆経験でも確認できる。広島・長崎で原爆が炸裂した瞬間には、個人の生命がただ「新兵器」の餌食となった事実のみが存在した。永井隆が『ロザリオの鎖』（一九四八年）で語った「原子爆弾のあとがほかの爆撃のあとと異なる点のひとつは至るところ平均した厚さに灰と瓦と焼け残りの雑品が積み重なっていることである[1]」にならえば、人間は原子爆弾の前では絶対的に孤立した「平均した」人間としてのみ存在するのであり、そこには階級も民族も国家もない。皮肉にも核兵器の炸裂は人間の悲劇的な平等性と孤立無援性を逆説的に証明したのである。ただ人間は人間をめぐる社会的関係から徹底的に引き剝がされ、正体不明の新兵器の恐怖に包まれているだけだ。だが炸裂の瞬間が過ぎ去ると、孤立していた個人は瞬時に民族や階級へと再び帰ってしまう。被爆者に対する救援活動、医療支援、あるいは「復興」過程でもさまざまな「民族」差別があったという数多くの証言からも、それを確認できる。また、その後の被爆者援護施策や慰霊事業において国籍や民族による差別が制度として定着していったことでも確認できる。言い換えれば、死は個人にとって平等であるが死を記憶する装置は国籍や民族、階級によって差別的だということだ。

そのため広島・長崎を日本から眺める視線と、朝鮮半島からの視線が異なることは、もちろん被爆当時の日本人と朝鮮人の位階を反映するのだが、同時に戦後日本社会が朝鮮半島と非対称的な道を歩んできたことの表れでもある。それでは、韓国において広島・長崎の悲劇はどのように記憶・再生産されているだろうか。

韓国社会が広島・長崎の悲劇をどう受け止めてきたかを取り扱った系統的な研究はほとんど見当

たらない。広島・長崎に落とされた原爆により多くの犠牲者を出し、いまだに後遺症に苦しむ少なからぬ被爆者を抱えている韓国社会にしてみれば、これは意外なことである。博物館や記念館、書籍、教科書、新聞などでは日本の敗戦と朝鮮半島の解放の契機として簡単に記述されているにすぎない。

たとえば、8・15解放一五年を迎えた一九五九年八月、韓国の保守系新聞『朝鮮日報』は、「廃れたフィルムから」という特集記事で被爆後のヒロシマの廃墟ぶりを伝える写真に「一発の原子爆弾がこの地球から軍国主義を葬送した。「ヒロシマ」の一九四五年八月六日は軍国主義という名の怪物が息を引き取った日だ。これが引き裂かれた彼らの死体だ」というやや刺激的なキャプションをつけている。[2] 原爆は「日本が犯した過ちへの正当かつ必要な懲罰であった」[3] し、「日本の無条件降伏―二次大戦終結―韓国解放とつながるその直接的効果」をもたらした、したがって日本の「感傷的な平和ムードにつられて舞い上がることはできない」出来事だったと報じている。[4]

すなわち、韓国では、原爆投下を日本の帝国主義支配の奴隷状態から解放してくれた最大の原因とする見方が広く受け入れられている。米国の原爆投下と朝鮮の解放を連続した一つの因果関係とみなし、原爆が広島・長崎に投下されたおかげで朝鮮民族をはじめとする多くのアジアの民衆が日本帝国主義の暴圧から抜け出すことができた、という見方だ。米国の「戦争早期終結論」が韓国でいわば「植民地早期解放論」に変身する所以である。韓国のジャーナリストの崔禎鎬は、解放五〇年を迎えた一九九五年に「日本はあれほど広島について語るのに、ドイツがドレスデンの悲劇に沈黙するのはなぜだろうか」と問題提起し、さらに日本の態度をこう批判する。

違いは歴史的良心の有無にある。〔…〕ドレスデンの悲劇はナチを生み出し戦争を起こした結果により招来されたとみなすがゆえに、ドイツ人は沈黙するのである。それに比べて日本は一九三一年も、一九四一年も忘れたまま、ただ一九四五年だけを記憶している。中国侵略も、真珠湾攻撃も大部分忘れさったまま戦争と歴史を抽象化させてしまい、日本が何もしなかったにもかかわらず米国が何の理由もなく原爆を投下したかのように、広島を「脱文脈化」してクローズアップしている。(5)

日本の侵略戦争が米国の原爆投下を招いたとする因果論に「戦争早期終結論」を足せば米国の公式見解そのものになる。こうした認識は決して珍しいものではない。韓国の代表的な知識人の一人である李泳禧は、ウィルフレッド・バーチェットの『広島の影』朝鮮語版の推薦の辞「一九四五年広島の永遠の論争」で次のように指摘する。

原子爆弾のおかげで解放された韓民族としては、原爆投下で戦争を勝利のうちに終結させた米国の論理だけが正解だった。その他の第三者的観点や主張、特に日本国民の一部を代弁する感情や論理は考慮の余地なく無視された。(6)

李泳禧の指摘どおり、韓国社会の広島認識は常に「米国流」の因果論から一歩も出ることができなかった。韓国で反核という平和理念を普遍的価値として受け入れると、必ず広島との歴史的整合性を問うことになるのはこのためだ。つまり、あらゆる核兵器に反対という規範的価値のもとで広島・長崎の被爆について価値判断を迫られたら、原爆投下と朝鮮解放の因果論には異議を唱えざるをえない。言いかえれば、朝鮮解放が原爆投下により実現したという通説に修正を加えない限り、論理的には現在の絶対的反核論にもとづいて一九四五年を解釈すると「植民地支配延長論」へ結びつく危険があるのである。

こうした誤解を避けるには、次の二つの方法しかない。第一は、核にも「よいものとわるいもの」があり、一九四五年に広島・長崎に落とされた核は戦争を終わらせた「よい核」であるとする、「戦略平和論」や「武装平和論」を受け入れる方法である。実際にこうした戦略平和論は日本でも珍しいものではない。一九五〇〜六〇年代に社会主義国の核武装をめぐって日本で繰り広げられた社会主義国の核＝防御の核という主張を想起すればよい。一九六二年当時、日本共産党副委員長であった上田耕一郎（一九二七〜二〇〇八）は「ソ連の核兵器開発は、ソ連にとっての「対抗措置」あっただけではな」く、「アメリカ帝国主義の戦争政策とたたかって世界戦争を防止しようとするすべての平和勢力にとっても重要な「平和の防壁」であったし、同時にすべての核兵器禁止をたたかいとる現実的可能性をあたえた措置」と言っている(7)。戦略平和論の代表例だ。また、二〇〇七年に広島／長崎の被爆を「仕方なかった」と答えて防衛大臣を退いた久間章生や、一九七五年に「原爆投下は仕方なかった」と発言した天皇裕仁の事例も、広い意味でこの範疇に含めることができる。

もう一つは、原爆投下と朝鮮解放の因果関係を歴史的に否定する方法である。つまり、原爆投下の目的は、戦争終結を早め多くの米軍や日本人の人命を救うところにあるのではなく、戦後社会で戦略的優位を占めるための、いわば「冷戦対備用」であったという見解である。この見解は韓国ではそれほど一般的ではない。

このように韓国の事例を念頭に置きつつ、日本の被爆に関する集合的記憶を分析することが本章の課題である。原子爆弾を前に孤立した個人が、いかなる過程を経て広島・長崎の被爆の経験を集合的記憶へと変えていったのか。ここでは集合的記憶の代表例として原爆慰霊碑、平和公園、「唯一の被爆国」をめぐる問題について検討したい。

1　原爆慰霊碑と「主語論争」

広島の悲劇に関する記憶をもっとも象徴するのが原爆慰霊碑である。平和公園のアーチ型建造物の下に、静かに佇む慰霊碑には次のような文が刻まれている。

安らかに眠って下さい

過ちは繰返しませぬから

この碑文をみると奇妙な感動とともに、その気持ちを抑えるかのような「違和感」も沸く。対象の印象は、対象しだいだが、見る者の視点に多くの影響を受けるものでもある。この碑文をみて何を感じるだろうか。とりわけ「過ち」とは。いったい誰の「過ち」なのか。原爆を投下した米国の「過ち」か、あるいは戦争を起こした日本の「過ち」か。だとすれば一九四一年の真珠湾攻撃を指すのか、一九三〇年代の「満州」侵略を指すのか。一九一〇年の朝鮮植民地化か、一八九四年の日清戦争か。どこまで遡ることができるのだろうか。日本の「過ち」だとしても、日本の誰の責任なのか。大日本帝国憲法のもと為さざる事無き権力を振るった天皇か。東京裁判で刑場の露と消えたA級戦犯たちか。あるいは東南アジア各地で捕虜虐待と民間人虐殺などの嫌疑で死刑に処された約一〇〇〇人のBC級戦犯たちか。ここには約二〇人の朝鮮人が含まれている。原爆投下が日本の侵略戦争のせいだとして、広島と長崎の普通の民間人がその責任を負わねばならないのか。侵略戦争に抗議するどころか、銃後で支持したからか。主語をめぐる疑問は尽きることがない。

主語が明らかではないのは日本語の文法構造のせいだけではないだろう。主語が明らかではないこの碑文には、原爆の悲劇をめぐり広島が戦後格闘してきた歴史がそのまま沁みこんでいる。そして感動とその感動を抑える違和感もここに込められているのだ。

実際、原爆慰霊碑が建立されて、はじめて公にこの問題を提起したのはインド人だった。ラダビノド・パル（Radha Binod Pal, 1886–1967）。インドの裁判官であり法学者である彼が、「主語論争」にはじめてかかわったのは一九四六年、極東国際軍事裁判（東京裁判）にインド代表の判事として派遣されたことに始まる。パルは東京裁判で「日本無罪論」を主張し、日本の右派に崇められることになる。パルの発言は最近また右派などに脚光をあびているが、この問題については他の機会に譲るとして、原爆慰霊碑をめぐる彼の発言だけをひとまず引用しておこう。彼は一九五二年一一月、広島を訪れて次のように発言したと伝えられる。

この〝過ちは繰り返さぬ〟という過ちは誰の行為をさしているのか。むろん日本人をさしていることは明らかだ。それがどんな過ちであるのか。わたくしは疑う。ここにまつってあるのは原爆犠牲者の霊であり、原爆を落としたものは日本人ではないことは明瞭である。落としたものの責任所在を明らかにして、〝わたくしはふたたびこの過ちは犯さぬ〟というのなら肯ける。この過ちが、もし太平洋戦争を意味しているというなら、これまた日本の責任ではない。この戦争の種は、西欧諸国が東洋侵略のためにまいたものであることも明瞭だ。(8)

パルの論旨は明らかである。主語が曖昧な碑文をみて、主語が日本人なのは自明であり、日本人が「過ち」を認めている、だが原爆を投下したのは米国だ、原爆を投下したわけではない日本が、「過ち」を繰り返さないと誓うのは間違っている、仮に原爆投下が日本の起こした戦争のせいだとしても、あの戦争は侵略戦争ではなく、西洋の侵略から東洋を守るための自衛戦争であった、というのだ。この意見は日本の一部の人々に受け入れられ、戦争の勃発から東京裁判に至る歴史を説明する際に、本人の意図を離れて繰り返し引用されてきた。日本社会におけるパルの信望は高い。箱根にある「パール・下中記念館」には愛用の椅子と机、法服などの遺物が展示してある。また京都霊山護国神社には、パル博士の顕彰記念碑が建っている。簡単にいえば、侵略戦争という負の遺産を外部の権威によって清めたいという日本社会の願いが込められている。

一九六三年に『大東亜戦争肯定論』を書き日本の侵略戦争を擁護した林房雄（一九〇三〜一九七五）は、一九六九年八月にこの原爆慰霊碑論争に再び火をつけた。林は原爆ドームと慰霊碑は「古傷を売物にして憐れみと施しを乞食根性の象徴だ」といい、「日本人の精神的再生のために、この恥辱記念品を撤去されなければならぬ。幸いにも広島には海がある。太平洋まで運ぶ手間はいらぬ、原爆ドームと慰霊碑を瀬戸内海の底深く沈めよ！」と語る。[9] 多数の日本人が犠牲となった日本の敗北を想起させるこの記念物は歴史の恥部であり、当然に撤去しなければならないと主張するのだ。一九七〇年二月に旗揚げした「原爆慰霊碑を正す会」は、広島市議会あての請願書で次のように主張する。

［原爆慰霊碑は─引用者］今日「安らかに眠って下さい、過ちは繰返しませぬから」の碑文をもって国際法上許せざるその残虐無類なる行為を抹殺し去らんとしている。［…］一瞬の原爆

により生命を奪われた二十数万の霊を冒瀆すること甚だしき碑文と申すべきである。[…]呪うべき原爆に被災し、祖国に殉じた霊を慰めるにふさわしい、民族の誇りを汚さない格調高く、清らかな日本的型態のものに立て直すべきである。而して現碑文は直ちに抹消すること(10)

このように政治的右派に属する人々の「批判」は、考えようによっては原爆使用国である米国をはっきり批判しない日本の政府や社会に対するものでもあろう。

ところが、日本は真珠湾攻撃をしたのだから米国に原爆を投下されて当然だとみなせば、原爆はアジア侵略を終わらせるために使われたという論理は破綻することにもなる。このため広島と長崎は、まずは自国の加害責任を明確にしなければ、米国の原爆投下や現在の核武装を批判できないという、絶対的平和主義を貫徹できない立場に追い込まれているのである。こうしたねじれのせいで広島・長崎は、米国対日本、日本対アジアという構図から一歩離れて、核兵器対人間という普遍的な構図でしか原爆問題を見ざるをえなくなるのだ。

原爆慰霊碑の碑文を考案した雑賀忠義(一八九四～一九六一)広島大学教授は、パル判事の見解に対し、抗議文で次のように批判する。

広島市民であるとともに世界市民であるわれわれが過ちを繰り返さないと霊前に誓う――これは全人類の過去、現在、未来に通じる広島市民の感情であり、良心の叫びである。〝広島市民が過ちを繰り返さぬといっても外国人から落とされた爆弾ではないか。だから繰り返さぬではなく繰り返させぬであり、広島市民の過ちではない〟とは世界市民に通じないことばだ。そんなせせこましい立場に立つときは過ちは繰り返さぬことは不可能になり霊前でものをいう資格はない。（一九五二年一一月一〇日）[11]

また、一九七〇年三月、山田節男（一八九八〜一九七五）広島市長は、「碑文は変えない。碑文の主語は世界人類であり、人類全体への警告・警戒だ」と語る。そして一九八三年一一月三日、広島市は原爆慰霊碑脇に英語と日本語の説明文を置いた。

碑文はすべての人びとが原爆犠牲者の冥福を祈り戦争という過ちを再び繰り返さないことを誓う言葉である。過去の悲しみに耐え憎しみを乗り越えて全人類の共存と繁栄を願い真の世界平和の実現を祈念するヒロシマの心がここに刻まれている[12]

その後も、慰霊碑をめぐる事件はつづいた。一九九六年八月、広島を訪れた自民党の亀井静香衆議院議員は、この慰霊碑をみて、「ここは平和（記念）公園だが、目障りな碑が一つある」とし、「過ちをくりかえしません、といっても日本が原爆を投下したわけでもないのにおかしい」と語った。[13]また二〇〇五年七月には右翼青年が慰霊碑に刻まれた「過ち」の箇所を傷つける事件が起きた。[14]いまだに論争は続いているが、ひとまず山田市長の見解で一段落した形をとっている。碑文に明示されていないが、主語は脱歴史化された「世界人類」「すべての人びと」となったのである。ここから原爆の悲劇を平和理念へ転換し、普遍化しようとする広島の苦悩がかいまみえる。[15] こうしてみると、前述したこの慰霊碑をみた際に抱いた「感動」の正体は明らかになったといえよう。ただ、いまだ感動を制御する「違和感」の正体は明らかになっていない。

2　広島平和記念公園と原爆ドーム

ＪＲ広島駅から路面電車で一五分ほど、市の中心部に巨大な公園が唐突に姿を現す。ニューヨークのセントラル・パークのような鬱蒼とした森でもなく、韓国のかつての汝矣島広場やモスクワ広場、天安門広場のような都会の真ん中の荒涼たるアスファルトの床でもない。川に挟まれ適当な木々とアスファルトで装飾された人工的な公園、それが広島平和記念公園（Hiroshima Peace Memorial Park）である。

広大な面積（一二万二一〇〇平方メートル）を誇るこの公園は、修学旅行の学生をはじめ多くの観光客を集める。広島平和記念資料館の年間入館者数が広島市によれば、二〇一四年現在一三一万にも上るという。広島市の人口が約一〇〇万人なので、一年に都市の人口をはるかに上回る観光客を国内外から集めているということになる。そして毎年八月にはさまざまな反核集会や平和大会が開かれる地でもある。反核平和運動の拠点であり、核兵器の悲惨さを学ぶ場でもある。被爆する以前は約七〇〇〇棟の建物に、二六〇〇〇人が暮らしていた広島最大の繁華街が、公園へ姿を一変する歴史は、巨大な軍事都市広島が看板を平和都市にかけかえる過程そのものともいえる。広島が平和を「商品」として消費していることに憂慮や批判の声がないわけではない。一九六五年八月四日付の朝日新聞は、「ヒロシマ65年」という特集連載でこう描写する。

夏になると急にふえる旅行者は、まず原爆資料館を訪れる。そこで、はだ寒い、しかし短い見学をすませると、彼らは近代的な平和公園を歩き、前衛的な数々の平和と祈りのモニュメントをながめる。くずれかかった原爆ドーム。その前で、金をもらって背中のケロイドを撮影させたというきわめて例外的な被爆者の話。やがて人人は、にぎやかな市街にもどり、観光団はバスを連ねて宮島、厳島に去ってゆく。こうした広島を、三年前、米誌の『タイム』は皮相な目で笑ったのだ。過去の悲惨を売りものにするヒロシマ！[16]

同時期に広島を訪れた作家のギュンター・アンデルス（Günther Anders, 1902–1992）は、「旅人よ、宮島をやめよ、厳島をやめよ、そして広島にとどまれ！　広島にとどまって、町から町を、橋から橋を、あてどなくさまようがよい。さまよいながら、思いめぐらしてみるがよい。君がさまよっている場所はどこか、君はだれの上を、何の上をさまよっているのかを[17]」という。宮島観光とセット販売され、商品と化した広島の「平和」を批判しているのである。

だが「平和」という名には似つかわしくない、ある意味では日本の戦後平和主義の一面を示す建造物に気づく観光客はそう多くない。原爆慰霊碑のすぐ横にそびえ立つ国旗掲揚台だ。原爆詩人として知られる栗原貞子は「それでもピース・ヒロシマ」(一九八六)という詩で「ヒロシマは残酷な都市。/平和公園の原爆慰霊碑の空に日の丸がひるがえっている。/〝日本の日の丸などてあかいおらが息子の血であかい〟/旗は今もお国のため天皇のため/死ねよ、死ねよとはためいている。/日の丸の下に安らかな眠りはない。安らかな眠りはない。/それでもピース、ピース　ピース・ヒロシマだ。[18]」と詠い、広島と平和記念公園に表象される平和が「天皇のため」の死を煽る日の丸のもとにある限り、「安らかな眠りはない」とし、うわべだけの平和を厳しく皮肉っている。

また、広島平和公園と記念館は日本と広島の平和への固い意思を表す代表的なスポットであるが、ここから車で一時間もかからない同じ県内の呉市に自衛隊基地があり、呉市海事歴史博物館（大和ミュージアム）の入館者数は広島平和記念館の入館者数を上回る。[19] 同じ県内で一方では戦争への反省と反核の表象を、他方では侵略戦争の中核を担った戦艦をそれぞれ展示している、ということになる。被爆経験から導き出された平和という理念が広島の特定の時空間に閉じ込められている証拠でもある。

被爆地広島に溢れる「平和」は、戦争↓被爆↓復興という一連の過程を一括りにまとめる言葉になっているが、実際にはこの言葉の裏に広島や日本の戦後社会が抱えた矛盾や苦悩が込められていることを意識する必要がある。よって広島が再生するなか、被爆の経験をどのように平和へとつなげていったか、初期の復興計画、平和記念公園、原爆ドーム、原爆慰霊碑を中心に見なければならない。

広島の「復興」をめぐって：開発か、廃墟か

一九四五年八月六日、一発の原子爆弾によって七大都市の一つ広島は、瞬時に灰と化した。建物の約七〇％が破壊され、約二〇万人が命を失った。それから一〇日もしないうちに日本は降伏し、広島は新たな秩序のもとで復興の課題を抱えることになる。「復興」と「平和」こそ、戦後広島を象徴する言葉といえる。だがこの二つは、自然に結びついて広島市民に受け入れられたわけではない。

一九四六年、広島県を中心に発行されている『中国新聞』は「ユートピア広島の建設」をテーマに懸賞論文を募集した。約一七〇編の論文が集まり、一等に入選したのは峠三吉（一九一七～一九五三）の「一九六五年の広島」だった。峠は被爆者である詩人で、この論文には広島市民の復興に対する意識が表れている。峠の論文をもとに製作されたイラスト[20]によれば、峠が考えた二〇年後の広島は、現在の姿とは全く異なる。街は塔を中心に放射状に拡がり、緑地が大きな面積を占める。人口を三〇万人と想定して公園と緑地比率を四〇％とし、道路幅を広くとるなど、「復興」というよりもほとんど新都市建設に近い構想であった。犠牲者を慰霊・追悼する施設を建てるアイデ

アは見られなかった。

『中国新聞』は一九四九年に「白昼夢　平和都市広島」を連載する。ここでは、現在平和公園がある場所を中心に、マンハッタンのような高層ビルが立ち並ぶ近未来都市が描かれる。そして広島市を港側の呉市と喫茶店付きバスで連結し、四〇〇トン級の観光船が七つの運河を水路でつなぐ。[21]『中国新聞』がくり返すこうした「広島開発論」は、後述するように「廃墟存置論」に対する痛烈な批判でもあった。このような姿勢が広島市民の感情をどれほど反映していたのか、今となっては確認する術がない。ただ、『中国新聞』の開発論が、同じころ登場した開発反対論＝廃墟存置論や、現在の平和公園とは全く異なっていたのは明らかだ。開発論は、広島の歴史空間や生活空間とはかけ離れた「都市創造論」に近い。

こうした都市創造論とは異なり、『夕刊ひろしま』が一九四八年七月二九日から六回にわたって連載した「二五年後の完成　広島決定版」には、現在の平和公園へつながる構想がかいまみられる。この記事によれば、現在平和公園があるあたりにはギリシャ風の円形競技場のような巨大な「平和の泉」を作り、北側には平和の尖塔を建てるとし、塔の建設に必要な大理石柱を世界各地から調達するという。[22]しかし慰霊や追悼に関する言及はなく、いまでは広島の悲劇の象徴である原爆ドームにもほとんど触れていない。しかも被爆前には広島最大の繁華街であり、被爆後には灰とかした現在の平和公園の敷地を、被爆前の「生活空間」へと「復元」するという構想も見いだせない。これらの構想には「平和」の構想は見られるものの、慰霊などに関する発想はなく、廃墟と化した爆心地を高層ビルが立ち並ぶ市の中心部として開発する点では、「都市創造論」と共通していた。

広島の廃墟を歴史の証人として残そうという主張がなかったわけではない。たとえば、呉市の高良富子助役は一九四六年二月二二日に開かれた「広島市復興座談会」で「びょうびょうたる焼跡を、世界平和永久維持のための記念の墓場として、そのまま残して欲しい。多くの人々の死んだ土地の上に街をつくるのはどうかと思う。新しい広島は無理にもとの広島に帰る必要はない。市の周辺に新しい場所を求めて、そこに広島を復活させたらよかろう[23]」と発言し、爆心地の開発に反対の立場を明確にした。高良は廃墟こそが平和の象徴になりうるとし、また、多くの犠牲者が眠る地を新たに開発するのは死者を冒瀆しかねないと考えた。犠牲者の遺骨がいまだに放置されていた一九四六年初頭の状況を考えれば、廃墟存置論は死者や遺族らの心情を代弁した側面があるのだろう。

より具体的な廃墟存置論もあった。旭株式会社社長であった桑原市男は、高良が発言する前年の一九四五年一一月二〇日の『中国新聞』に「新広島建設要綱」を発表する。要約すると、第一に新広島は旧広島の再現ではなく、「敗戦国日本国民の新理念を表現する新構想を根本理念」とすべきであり、第二に、「世界平和の発祥地」として爆心地を中心に一平方キロメートルを霊園地に、次の一平方キロメートルを廃墟に、また次の一平方キロメートルを社会施設にそれぞれ区分するというものだ。霊園地には犠牲者二〇万人の供養塔と終戦記念館を建て、社会施設には宗教施設と社会施設を建て宗教圏／平和圏とする[24]。桑原の構想は画期的だった。開発の基本理念を「世界平和の発祥地」とし、旧体制との完全な決別を宣言する彼の案は新鮮だった。また、爆心地の開発にはっきり反対し、廃墟を保存しながら必要な社会施設を建設するという、被爆地広島の意義を都市計画に込めたのである。

もちろん、こうした廃墟存置論に対し、開発推進派の『中国新聞』は、早くから反対の論陣を張った。たとえば、一九四五年九月五日、被爆からようやく一か月が経ったときに、社説で「廃墟と化した広島市を指して「戦争記念物」呼ばはりし、この見渡す限りの焼野原を永久に保存せよとか、かくの如き無責任極まる議論を吐き、恬として恥じざるにいたつては、その厚顔は地元民たる者みな郷土愛を有するがゆえに、烈火の如く怒らざるを得ない」と強く非難した。そして「白血球の多少の減退などは顧みず、たとえ建設途上で倒れるという最悪の場合に出合わすことがあるとしても、なお決死の覚悟をもって、祖先の与えた三角州の地を守り抜こうではないか」と悲壮な決意をしている。(25)

米軍がまだ広島に進駐していないどころか、米国の政策の方向性すら明らかになっていない当時のこの激烈な反対論には、戦前的な感性が色濃く残っている。「復興」という言葉は、もともと戦時中に空襲などの被害を復旧させるため、愛国心、郷土愛、家族愛を強調し、国民を叱咤激励する精神主義的な用語として用いられたが、(26)『中国新聞』の保存反対論も、こうした理念から自由ではない。だがこの社説から、廃墟存置論のもう一つの論拠を間接的に確認できる。社説の「白血球の多少の減退などは顧みず、たとえ建設途上で倒れるという最悪の場合に出合わすことがあるとしても」という記述である。爆心地付近では、大量の残留放射能とその後降ったいわゆる「黒い雨」によって間接被爆者が続出していた。そのためこのころ廃墟存置論が主張された背景には、残留放射能への恐怖が一定程度作用していた可能性がある。実際に一九四五年九月二二日、『朝日新聞』は米国発の記事として「広島・長崎、（今後）七十年間生活不毛説」を報道している。

　民間で交わされたこのような議論に対し、広島市側はいかなる立場を採ったのだろうか。被爆直後に市当局で検討されたいくつかの復興案をみると、おもに適正人口規模、交通機関の整備、太田川の改修計画など、ハード面を検討していて、平和や慰霊、追悼といった現在の広島の主軸となるソフト面にはまだ目が向いていない。一九四五年一二月六日に広島市長が市議会で行った所信表明をみても、広島を「生産都市及び貿易都市」として復興するとの立場が示されているだけである。実際、「平和」を具体的な都市計画の要に位置づける考えは、これまで紹介した民間の案を除けばほとんど見られない。広島市議会が一一月に出した復興計画のための決議には、「世界歴史ニ例ノ無イ戦災ヲ蒙ツテ潰滅シマシタ本市ハ世界平和ノ記念都市トシテ恥ヅカシカラヌ理想的文化都市トシテ復興[27]」せねばならないとの一文があるが、これは敗戦後の日本で一種の流行語であった「平和」を宣言ふうに導入したに過ぎず、都市計画の軸として使ったわけではなかった。たとえば、八月一七日に組閣された東久邇内閣が「わが国を「平和愛好国民」にせんとするポツダム宣言に歩調を合わせて日本は平和国家として再生せねばならない」と表明したように、敗戦直後の日本では「文化国家」とともに「平和」という言葉はある種の「魔術的な単語」として用いられていた[28]。ゆえに広島市が「平和」を宣言として使ったのは当然であった。

平和を都市計画の柱に据えるようになったのは、逆説的ながら復興にかかる費用の問題がきっかけであった。広島が復興するための最大の障害は資金だった。一九四六年九月、広島商工会議所が実施した「広島市復興世論調査」によれば、復興の最大の障害は何かとの質問に、五〇%近い市民が資金問題と答えた[29]。広島経済界の中枢で開発論の先頭に立っていた商工会議所が、一九四六年九月の段階でこうした世論調査を実施した事実にも、一日も早く復興したいという経済界の焦りをうかがうことができる。

復興をめぐる日本政府の原則は比較的明確だった。敗戦直後、空襲など被害を受けた都市は全国で二一五を数え、面積はあわせて六万四五〇〇ヘクタールに達した。政府は一九四五年一一月に戦災復興院を設立して中央集権的な都市復興制度を整え、翌一二月には「戦災地復興計画基本方針」を掲げた。この方針によれば、復興に必要な資金は基本的には各自治体で調達しなければならない。よって広島だけが中央政府から特別な支援を受けることは不可能だった。この時点で日本政府は原爆による被害と一般の空襲による被害を区別せずまったく同じ戦災と認識していた。そのため広島市が政府の資金を得るには、原爆被害の特殊性を訴える必要があった。一九四七年七月一〇日、広島市長浜井信三は「広島復興に際しての私の気持ち」という文章で、次のように力説する。

広島市の戦災が原子爆弾というあの世界史始って以来の恐るべき威力を有った新兵器によって惹き起された為に、非常な特異性を有っており、且それが為に広島市の罹災の状態と其の復興状況とが世界の関心の的となっていることは周知の通りである。明らかに広島市の罹災は第二次世界大戦終結の一つの要因となったものであり、いわば広島市は平和回復の記念都市となった訳である。従って我々としては、平和の人柱となられた多くの市民の犠牲を真に意義あらしめる為にも、又、永遠の平和を記念する為にも、此処に平和な美しい国際都市をつくり上げることを広島市再建の目標としたいと考えて居ります。それは単に平和の念願であるばかりでなく、平和を愛好する全世界人類の願いでもあると信じます。(30)

浜井はまず他の戦災都市と広島の差異を主張する。被害規模が格段に大きかったことだけでなく、広島の「罹災」が「第二次世界大戦終結の原因」で「平和回復の記念」となったとすることよって世界の注目を集めているという。広島の被害を他の戦災と区別する視点は、「被爆死」を他の「戦死」と区別する視点に相通じるところがあり、また場合によっては、被爆者を被害者、戦地で死んだ兵士を加害者とみなす二分法で死を差別化する土壌を形成したと言える。

特殊性を訴えた広島市の主張は、政府の資金援助を可能にする「広島平和記念都市建設法」の制定を導いた（一九四九年八月六日、以下平和建設法）。同法第一条で「恒久の平和を誠実に実現しようとする理想の象徴として、広島市を平和記念都市として建設することを目的とする」と定められたとおり、広島は政府の支援のもと、平和都市づくりに邁進することになる。

結果的にみれば、「廃墟」と「復興」をつないだのは平和であった。平和は、前述したように「魔術」のような力を発揮し、政府の支援を得る原動力となった。平和の証拠として爆心地を保存すべきという廃墟存置論は、平和の名のもとに都市開発を望む主張が登場したため、急速に力を失う。ここで平和と開発は矛盾なく結合したのである。

原爆ドームと被爆の記憶の分断

広島平和記念公園の最も重要なシンボルとなった原爆ドームは、いかなる経緯で保存されたのだろうか。前述したとおり、廃墟存置論は、平和開発論の台頭ともに消滅した。被爆建造物であり焼け野原のなかで目立つ原爆ドームは、真っ先に取り壊されてもおかしくなさそうであった。

被爆の悲劇を象徴する原爆ドームは、もともとは一九一五年にチェコスロバキアの建築家ヤン・レツル（Jan Letzel, 1880–1926）が設計した広島産業奨励館であった。日清戦争期に朝鮮と中国大陸への出撃基地として大本営が設置され、広島市の近代的拡張と発展の契機となった。産業奨励館は植民地の拡張を繰り返した「帝国日本」のショーウィンドウであった。原爆により、骨組みを一部残したまま丸いドーム型の屋根が破壊された姿は、まるで「帝国日本」そのままであった。

一九五一年八月六日、『中国新聞』は広島市長と広島県知事の座談会を掲載した。浜井信三市長と大原博夫県知事はそれぞれ原爆ドームは「保存のしようがない、金をかけてまで残すべきではない」（市長）、「敵愾心を起こすなら別だが、平和の記念にするのなら残さなくてもいい」（知事）[31]と語っている。公園計画に最も強い影響力を与える二人が、いずれも原爆ドームの保存に否定的な見解を示しているのだ。実際に原爆ドームは、平和開発論においてさほど重要な建物とはみなされなかった。

原爆ドームの保存に消極的だった浜井市長は、被爆当時四〇歳で広島市の配給課長兼防空本部配給班長であった。被爆で脚を負傷し、軽度の原爆症となった被爆者でもある。副市長を経て市長に当選し、以後四期にわたって歴任、世間からは「原爆市長」と呼ばれた。広島市原水協（原水爆禁止日本協議会）の会長でもあり革新系だったが、無所属だった。浜井市長は一九六五年にこういう。

「被爆者の中にも原爆ドームはいらないというう人がいます。あれを見るたびに悲しみが新たになり、心が痛むからです。私の家内も家族を何人もなくしているので、原爆資料館にお客を案内していっても中へはいろうとしません。」「ドームは私有地にあったらとっくになくなっていたでしょう。あの辺は最も地価の高いところですから。広島を再建するとき、私たちはできるだけ早く目に見えるところから原爆のツメ跡を除こうと努力した。そして将来のために、その悲惨を一か所だけに集めた。それが資料館です。ドームは解体再建すれば何千万円もかかるだろうし、正直のところそうまでしなくともという気持ちで、世論が高まるまでそのままにしておいたのです。いま、どのくらいの費用で補強すれば保存できるか調べてもらってしますが、残すとしたら費用は全世界からの募金になるでしょう。とにかく、あれは、〝広島の絵〟なのですから[32]」

原爆ドームの保存に消極的な理由として、保存に費用がかかるだけでなく、辛い記憶をよみがえらせ、被爆者たちの苦痛を与えることをあげている。産業奨励館として戦前に果たした機能やその象徴性についての言及は、まったく見出すことができない。

原爆ドームの保存の是非が社会的な争点となるのは、老朽化が深刻になった一九六〇年代からである。保存派は、骨組みだけが残った姿は被爆の激しさを体現しており、新たな造形物をたてるより広島の平和の象徴として優れていると主張した。一方、取り壊し派は、骨組みだけの姿は被爆者につらい思い出とトラウマを絶えず呼び起こさせるのみならず、周辺の景観を害し都市開発の障害となると述べた。こうしたなか、広島市議会は次のように決議する。

核戦争阻止、原水爆の完全禁止の要求とともに、ドームを保存することは被爆者、全市民、全国の平和をねがう人々が切望しているところである。ドームを完全に保存し、後世に残すことは、原爆でなくなられた二〇数万の霊にたいしても、また世界の平和をねがう人々にたいしても、われわれが果たさねばならぬ義務の一つである。[33]

この決議が契機となり、原爆ドームは国民の募金で保存され、一九九〇年代には国の史跡にも指定された。また、一九九六年にはユネスコの世界文化遺産となった。世界遺産登録のための審査委員会において、米国は反対し中国は棄権した。こうして日本帝国主義の経済的拡張を象徴する産業奨励館と、平和都市広島を象徴する原爆ドームは、完全に切り離された。平和の象徴である原爆ドームの歴史は、一九一五年ではなく一九四五年八月六日から始まる、ということである。また、原爆ドームが保存され唯一の象徴になる一方で、その他の廃墟は姿を消していった。爆心地から半径二キロ圏内の消失被爆建造物をみると、一九四五〜五五年には四件（民間所有が三件、公共所有が一件）、一九五六〜一九七五年には一七件（所有者不明が二件、民間所有が一三件、公共所有が二件）、一九七六〜一九九五年には九件（民間所有六件、公共所有二件、所有者不明一件）、一九九六〜二〇〇五年には二件が解体された。総計三二件の建造物が消失されたのだ。現在残っている被爆建造物は原爆ドームを含めて一七件である。[34] このうち、保存がはっきり決まっているのは原爆ドームのみである。原爆ドームの「保存」は被爆が残した「廃墟」を原爆ドームに独占させる結果をもたらした。それは、廃墟の内と外を分断させる機能をはたしたといえる。

3　主体の復元と「唯一の被爆国」の思想

原爆を落とされて長崎は本当に無数の人が悲惨な目にあったが、あれで戦争が終わったんだという頭の整理で今、しょうがないな、という風に思っている。

二〇〇七年六月三〇日、被爆地・長崎県選出の国会議員である久間章生防衛省長官は、ある大学の講演会でそう語った。この発言は大きな波紋を呼んだ。新聞は翌朝の一面で報じ、社説などで「原爆に対する国民感情とは距離がある」と批判した。被爆者団体を含む平和団体からは連日批判と抗議の声明書が出された。しかし、原爆投下に対しただの一度も公式の抗議をしないまま、米国の核の庇護と日米同盟のもと経済発展を遂げた現実を受けての発言だったといえなくもない。端的にいえば、原爆の投下が結果的に日本の繁栄をもたらしたと認識しており、それが「しょうがない」という発言に結びついたのだ。問題は、こうした久間の歴史認識を批判するとき、何を根拠に、誰を主体とするのかである。ここで登場するのが日本を「唯一の被爆国」と位置づける、いわば「被爆ナショナリズム」である。国民的記憶として広島の経験を主体化する思想である。

たとえば、国民新党の亀井久興幹事長は、同日の記者会見で「唯一の被爆国として核廃絶に向かって主張と行動を続けていくのが我が国のあるべき姿だ」と語った。[35] 全国保険医団体連合会は、安部首相に宛てて「世界で唯一の被爆国政府の閣僚がこのような発言をすることはあるまじきこと」[36]との抗議文を送った。メディアも同様だった。七月三日付『毎日新聞』は、政治部編集委員が「「廃絶」と「傘」ギャップ」と題して「「唯一の被爆国」としての歴史を踏まえ」[37]と書いた。『朝日新聞』七月四日、五日付の「声」欄には、久間発言に関連する投書が掲載されたが、ここでも「唯一の被爆国の防衛大臣ともあろう方」[38]という表現が用いられている。日本共産党機関紙『赤旗』は七月三日付で「首相がなすべきは久間氏の大臣罷免」と述べ、「今回の発言は、「唯一の被爆国」として核兵器廃絶の先頭に立つべき国の安全保障政策に直接の責任を負う閣僚として、あまりに無責任」とし、翌日の二つの記事でも「唯一の被爆国」という表現を使った。左派も右派もこの発言を非難した。ただ、久間の発言は決して目新しいわけではない。一九七五年一〇月三一日、訪問先の米国から帰った天皇裕仁は、原爆投下に「遺憾の意」を示しながらも、久間と同様「やむをえない」と発言し、被爆者団体が抗議声明書を出している。

二〇〇六年一〇月、朝鮮民主主義人民共和国が核実験に成功したと発表した際も、「唯一の被爆国」という表現は日本で盛んに用いられた。衆参両院は北朝鮮への抗議声明で「本院は、我が国が広島・長崎への原爆投下を経験した唯一の被爆国であることにかんがみ、あらゆる国の核実験に反対するところであり、北朝鮮の核実験に対し厳重に抗議するとともに、北朝鮮が直ちに全ての核兵器及び核計画を放棄することを強く求める」としている。日本共産党も「日本は唯一の被爆国であり、北朝鮮の隣国です。今月の国連安保理議長国でもあります[39]」と抗議した。公明党も「わが国は唯一の被爆国として、すべての核実験に反対する立場を明確にし、今こそ核廃絶リーダーシップを発揮すべきだ[40]」とした。当時の野党第一党の民主党も菅直人代表代行の談話を通して、「唯一の被爆国として、核拡散に抑制的な立場をとり、批判してきた日本にとって、東北アジア地域における核の拡散問題や北朝鮮の行動が「安全保障上の重大な危機」になっている[41]」と述べた。

「唯一の被爆国」という表現は、戦後の日本を平和の主体として立ち上げる際に、修飾語として必ず用いられる言葉である。日本のみが原子爆弾の洗礼をうけたただ一つの国であると、左右を問わず広範に用いられるこの言葉ほど「平和国家」日本の集合記憶を形作る言葉はない。

しかし、「唯一の被爆国」という言葉がいつどのように「発明」され、どのような過程を経て広範に使われるようになったかに注目した研究は意外と少ない。もちろん「唯一の被爆国」という用語に異議を唱える主張がないわけではない。たとえば、石井和彦は非核自治体宣言のうち、「唯一の被爆国」を用いた宣言が六二％にも達していることを明らかにしたうえ、人類最初の被爆者は米軍兵士であり、しかも被爆者の中には多くの朝鮮人や米軍捕虜が含まれている点や、ビキニ水爆実験の際にも多くの先住民が犠牲になったことなどを根拠に、「唯一の被爆国」という表現は歴史的事実に反すると指摘している。また市場淳子・春名幹男・中島竜美も多くの朝鮮人被爆者などの存在を根拠に「唯一の被爆国」という修飾語に閉じ込められた日本の「被爆ナショナリズム」を問題にしている[42]。

これらの研究は、一九六〇年代半ばから韓国内で沸騰しはじめた韓国の被爆者運動に刺激され、すくなくとも一九六〇年代まで歴史の闇に葬り去られていた朝鮮人被爆者の存在を明らかにし、日本人に限られていた被爆者の援護を非日本人にも拡大させることによって、ナショナリズムに閉じ込められていた広島・長崎の被爆体験を「開かれた普遍体験」へと質量ともに発展させるのに大いに貢献したともいえる。これらの研究は「被爆ナショナリズム」の根源を原子爆弾の恐ろしさを経験したのは日本人のみとする「間違った事実」に基づいた日本の戦後の記憶にあるととらえ、被爆の恐ろしさを体験したのは日本人だけではないという「新たな」事実を掘り下げて「被爆ナショナリズム」を解体しようとした。一言で言えば、「唯一の被爆国」という表現は非日本人被爆者の存在を無視または黙殺した結果とみなしたのだった。だがこれらの研究は、第一に「唯一の被爆国」という表現の不適切さに重点を置くあまり、どうして定着したのかという過程についてはほとんど関心を示さない。いかなる論理で用いられ、広島・長崎の被爆経験を国民の記憶へ転換させたのかは、看過されてきた。確かに、一九六〇年代まで、朝鮮人被爆者の存在はほとんど知られていなかった。反核運動においても同様であった。たとえば、一九五五年七月に開かれた世界大会の日本準備会の第三分科会に朝鮮代表として参加した在日朝鮮人は「朝鮮人被爆者を調査し提出しても戸籍簿がないといって取り扱われなかった。これは発表することによって復讐ということを恐れたのではないか。被爆者三〇万という数字が分っているなら、朝鮮人犠牲者も分っているはずだが発表しないである。この数字発表は人道主義・人類愛によって明確に発表すべきであり是非調査資料に被爆者数を発表してほしい。広島・長崎の被爆者の救済をしてほしい。朝鮮から被害者を何とかしてくれという多くの願いがあったが日本の協力なしでは不可能である[43]」と発言している。また原水爆禁止日本協議会第一回常任委員会記録（一九五五年一〇月二二日）においても在日朝鮮人総連合の参加者から「広島における朝鮮人被爆者の調査にかかっているが、その資料がえられるか[44]」という質疑が行われたし、また一九五六年8・6広島大会被害者大会においても朝鮮人参加者からすくなくとも四〇〇〇人以上の朝鮮人犠牲者が存在しているという発言がなされている[45]。このように在日朝鮮人からの問題提起は様々な記録で散見されるが、反核運動団体がそれをうけて真剣に取り組んだ形跡は見あたらない。

まず、国会における「唯一の被爆国」の使われ方をみてみよう。(46) 国会会議録に「唯一の被爆国」という表現が初めて登場するのは一九五五年四月三〇日である。一九五四年末にインドネシアのバンドンで開かれた「アジア・アフリカ会議」に日本代表として参加した高碕達之助経済審議庁長官は参議院の本会議で「わが国は原子爆弾を受けた唯一の被爆国といたしましての特殊の立場において、軍縮問題と大量破壊兵器の禁止を並行せしめんとするところのパキスタンとかトルコに同調いたしまして、わが方の主張を貫徹したのでございます」と報告している。これ以前にも類似の発言が無いわけではない。一九五三年七月二九日、衆議院外務委員会で右派社会党の岡良一は「われわれは反米的な考え方から言うのではないのだが、日本は世界における原爆洗礼のただ一つの民族である。世界の科学者の叡知の最高といわれる原子力の開放、それに基いてつくられたものが武器となつて瞬時の間に日本人の二十三万の同胞の命が失われており、しかもこういう爆発災害の事故に対しては近代の医学というものはまつたく無力であつたということが証明されておる」と語っている。以後、「唯一の被爆国」は、日本の被爆経験と世界平和に対する意志をあらわす際の形容句となった。そして一九八〇年代以降に使用の頻度は急増する。保守と革新で分けてみると、少なくとも一九八〇年代には保革に有意な差は見いだせない。一九八一年には合計七〇回に達するが、このうち与党自民党が二四回と最も多く、社会党・共産党がそれぞれ一六回、二一回である。

次に、非核自治体宣言における使われ方をみると、二〇一五年現在で非核宣言自治体協議会の会員の三一四自治体のうち、入手可能な三〇五の「非核宣言」（一部複数宣言を含む）を筆者が分析した結果、実に一五八の宣言（五一・八％）が「唯一の被爆国」という言葉を用いている。地域的にみても有意な偏差は見いだせない。[47] 広島県をみると、あわせて一七の自治体が非核宣言を出しているが、このうち一九八五年に宣言した廿日市市のみ「唯一の被爆国」を使っている。広島市をはじめ八の自治体が「世界で最初の核被爆県」という表現を使っている。長崎県の場合は一六の自治体のうち、七つの自治体がこの表現を使っている。同じく被爆経験をもつ長崎ではこの表現が多く使われているのである。年度別にみると、まず、一九五〇年代末に「非核宣言」を出した神奈川県の鎌倉市、愛知県の半田市、静岡県の三島市の三自治体の宣言には「唯一の被爆国」という言葉は登場しない。しかし、宣言運動が最も高揚した一九八〇年代の宣言件数一七九のうち、九一件（五〇・八％）が「唯一の被爆国」という言葉を使っており、一九九〇年代には四四件中二二件（五〇・〇％）、二〇〇〇年代には七九件中四五件（六〇・〇％）が使っている。「唯一の被爆国」の使用比率は一九八〇年代以降、特に二〇〇〇年代に入り高まっているのである。大阪の枚方市は一九八九年に宣言文から「世界唯一の被爆国民」という表現を削除すると発表した。「強制連行で広島、長崎に来ていた在日韓国・朝鮮人や中国人らもおり、日本人だけが被爆者というのは間違い」[48]というのが理由であったが、これは極めて例外的である。

次に広島市・長崎市の平和宣言と「唯一の被爆国」の関連をみよう。広島市が一九四七年から二〇一五年まで発表した計六八件の「平和宣言」のうち、一九七八年にこの表現を初めて使って以来、一九八三〜一九八七年、二〇〇三年、二〇〇四年、二〇〇七年、二〇一二年、二〇一四年の一〇件（一四・七％）で登場している。一九七八年から数えれば三八件のうちの一〇件（二六・三％）ということになる。長崎の「平和宣言」においては「唯一の被爆国」という表現が一九八七年に初めて現れて以来、二〇〇二年、二〇〇四年の宣言に登場している。(49)

メディアにおける「唯一の被爆国」のようすを見てみよう。一九四〇〜七〇年代の朝日新聞をみると、一九六七年に三件、一九七五年に六件しかみられない。しかし一九八五年に突如一九件となり、その後爆発的に増加して一九九五年を頂点に減少するが、それからも年間二桁以上は用いられている。(50)

平和運動ではどうだろうか。運動団体の声明や会議録で「唯一」という表現が確認できるのは、一九五五年一月に原水爆禁止署名運動全国協議会が作成した「ビキニ水爆実験の影響と日本における原水爆禁止運動（世界への報告）」が最初である。この文献には日本で原水爆近医運動が発展している理由として「日本人こそ原爆の洗礼を受けた最初にして唯一の国民であるということ」を挙げている。(51)その後もこの表現はしばしば使われる。一九五七年の世界大会を前に開催された第三回原水爆禁止世界大会国際予備会議でも、協議会理事長であり国際準備センター議長である安井郁は「原子戦争体制との対決」という報告をしたが、その報告においても世界大会の会場となった日本を「世界で唯一の原水爆被災国(52)」と位置づけている。一九五九年にビキニ環礁被爆五周年を迎えて発表された「焼津宣言」でも、「悲劇の再現を阻止するために、世界における唯一の被爆国民(53)」として日本国民を規定する。一九五九年にも神奈川県が日本原水協に送った呼びかけで「世界で唯一の原爆被害国民として諸国民に先立ち原水爆禁止運動を始め、世界平和を守る事業に大いなる貢献をしてきた日本の運動[54]」と表現する。また、一九〇六〇年四月五日、核実験再開を宣言したソ連に送った抗議文でも、日本原水協は自らを「世界で唯一の原爆被爆国の組織[55]」と規定する。その後の使用については資料上の限界のため追跡が困難だが、これらの各種政党や社会団体の抗議声明から類推すれば、一九五〇年代に比べて使う回数が減ったとは思えない。

使用主体別に多少のばらつきは見られるが、以上の分析からすくなくともつぎのようなことが言える。「唯一の被爆国」は反核平和団体や国会などで第五福竜丸事件が起きた頃から使われ始めたが、新聞、非核自治体、広島・長崎の「平和宣言」、国会などで使用頻度が増加するのは一九八〇年代からであり、冷戦が終結した一九九〇年代以降、とくに北朝鮮の核疑惑が明るみに出た後、急増傾向にあるということである。市場淳子は、「唯一の被爆国」という表現は一九五〇年代から一般的に使われていたとし、朝鮮人被爆者の存在を知らなかったからという前提に立っているが、それでは朝鮮人被爆者の存在が社会的に知れ渡った一九九〇年代以降の使用頻度の急増は説明できない。非日本人被爆者の存在への無知の結果ではなく、それと平行して、あるいは、それと関係なく、一九八〇年代以降、日本社会に普及し、冷戦が終わり、とくに北朝鮮からの「脅威」が強調されるようになる一九九〇年代以降に急増したとみるべきである。

もちろん、「唯一の被爆国」という言葉は、日本の過去の戦争や被爆の歴史を呼び出し、それを喚起する過程において普及・定着された表象である。広島市の平和公園にある原爆慰霊碑に刻まれていた「安らかに眠って下さい　過ちは繰返しませぬから」という文が核兵器対人間という構図をうち立て、加害と被害の構図を解体し、主体を「曖昧化」することによって、被爆経験の脱国家・普遍化を試みたとすれば、「唯一の被爆国」という表象は、日本国民を被害者としてナショナルな時空間のなかに復元する過程にほかならなかった。すなわち、「唯一の被爆国」は一九五〇年代に起源をもつ現在の問題なのである。つまり、この言葉は朝鮮人被爆者の「発見」によって平和の担い手としての日本・日本人という「枠」が「破裂」しつつあったプロセスに対応する形で広く使われ始めた。他方では冷戦解体によって変容を強いられていた冷戦時代の「受恵」の構図を立て直すために流行りだした言葉でもあったということができる。

4　結論に代えて

以上の検討から、次のことが見えてくる。

第一に、「原爆慰霊碑論争」でわかるように、加害責任については早くから議論の外に置かれていた。紹介した事例や被爆者の手記のように米国への憎悪は私的な領域に限定されており、公的な言説からはあっというまに姿を消した。これは被爆国日本が皮肉にも米国の核の傘の下で経済的豊かさと平和を謳歌してきたことと関連があるだろう。さらに米国の責任を追及すればその原因を考えざるを得ず、日本の責任論が浮上する可能性があった。原爆を投下したのは戦争を早期終結するためだったと主張する米国の責任を問えば、日本の植民地支配にかんする責任を問い返されるのは必至である。よって少なくとも朝鮮人被爆者が植民地支配の証人として現れる一九八〇年代までは誰の過ちなのかを曖昧にし、加害者と被害者を明確にしないままだったのである。

第二に、「唯一の被爆国」という表現は一九五〇年代半ばからみられたが、新聞や自治体、国会などでは一九八〇年代以降頻繁に使われるようになり、広島、長崎の被爆を記憶する「表象語」として定着した。冷戦が終結し、北朝鮮の核問題が話題になり始めた二〇〇〇年代になると、その動きは加速する。冷戦が終わって進んだ日本をとりまく安全保障システムの揺らぎのなか、被爆を国民の経験として再認識し、国民的アイデンティティを確立するため、「唯一の被爆国」という表現の使用頻度が急増したのである。

原爆慰霊碑の主語をめぐる論争が被爆の脱国家化と普遍化をもたらしたとすれば、「唯一の被爆国」は日本国民を被害者としてナショナルな枠組みへと復元させる過程なのである。ゆえに、被害の記憶の「排除」と「統合」を通した記憶の全国民的集合化が反核世論や「核アレルギー」としてあらわれたのならば、それがなぜ「唯一の被爆国」という言葉で表現されるのかが問われなければならない。

ここでの「統合」とは広島・長崎の被爆体験の拡散と国民的共有を意味し、これは戦後平和主義の一方の軸を形成した。「排除」とは記憶の平準化、標準化、国民化を通して「統合」により作られた記憶から弾かれる体験を記憶の空間から削除し周辺化する機能をいう。「個人の記憶」が「集団の記憶」へと変わる過程で、目的意識的に発生する必然的な結果なのである。非日本人被爆者が被爆の集合的記憶から排除され、被爆者が当然に抱くであろう米国への怒りも、「平和主義」あるいは被爆理念の「普遍化」という怪物に吸収されてしまう。この過程の帰結が「唯一の被爆国」という表現なのである。

注

（1）永井隆『ロザリオの鎖』（アルバ文庫）、サンパウロ、一九九五年、二七頁。
（2）『朝鮮日報』一九五九年八月一四日。
（3）姜仁仙「폭심에서 보는 일본（爆心から見る日本）」『月刊朝鮮』一九九二年一〇月、五一四頁。
（4）『朝鮮日報』一九六三年八月六日。
（5）崔禎鎬「드레스덴과 히로시마（ドレスデンとヒロシマ）」『東亜日報』一九九五年八月六日。
（6）리영희「1945년、히로시마의 영원의 전쟁」윌프레드버제트（Willfred Burchett）지음／표완수 옮김『히로시마의 그늘（Shadows of Hiroshima）』창작과 비평사、一九九五年、七頁。
（7）上田耕一郎『マルクス主義と平和運動』大月書店、一九六五年、二二六頁。
（8）ラダビノード・パール著、田中正明編『パール博士「平和の宣言」』小学館、二〇〇八年、九一－九二頁。
（9）林房雄「原爆ドームを瀬戸内海に沈めよ」『月刊ペン』一九六九年八月、六七、七四頁。
（10）原爆慰霊碑を正す会「請願書「原爆慰霊碑・碑文改正の件」」岩垂弘・中島竜美編『日本原爆論大系第七巻・歴史認識としての原爆』日本図書センター、一九九九年、一九二頁。
（11）中国新聞社編『ヒロシマの記録（年表・思想編）』未來社、一九六六年。

(12) 石田宜子「過ちは　繰返しませぬから――碑文論争の歩み」岩垂弘・中島竜美編『日本原爆論大系第七巻・歴史認識としての原爆』日本図書センター、一九九九年、一六九頁。
(13) 『朝日新聞』一九九六年九月三日。
(14) 『朝日新聞』二〇〇五年七月二八日。
(15) 英文では Let all the souls here in peace; For we shall not repeat the evil となっている。
(16) 『朝日新聞』一九六五年八月四日付夕刊。
(17) 同右。
(18) 栗原貞子『栗原貞子全詩篇』土曜美術社出版販売、二〇〇五年、四四八―四四九頁。
(19) 大和ミュージアムの開館一年目の入館者数は一七〇万人を超えた。以上は、小笠原臣也『戦艦「大和」の博物館――大和ミュージアム誕生の全記録』芙蓉書房出版、二〇〇七年、二四六頁参照。
(20) 広島市ＨＰを参照 (http://www.pcf.city.hiroshima.jp/Peace/J/subcon/pHsub2_2_1.html)。
(21) 山名淳「記憶空間の戦後と教育」森田尚人ほか編『教育と政治――戦後教育史を読みなおす』勁草書房、二〇〇三年、二二五―二二六頁。
(22) 同右、二二六頁。
(23) 広島市編『広島新史』(歴史編)、広島市、一九八四年、四六、四七頁。
(24) 広島市編『広島新史』(社会編)、広島市、一九八四年、八一頁。
(25) 前掲広島市編『広島新史』(歴史編)、四六頁。
(26) 石丸紀興「戦災復興計画思想について」『日本建築学会大会学術講演概要集』(九州)、一九八一年九月。
(27) 広島市編『広島新史』(社会編)、八五頁。
(28) 石田雄『日本の政治と言葉 下――「平和」と「国家」』東京大学出版会、一九八九年、八二頁。
(29) 前掲広島市編『広島新史』(社会編)、八五頁。
(30) 同右、九〇頁。

(31) 宇吹暁「被爆の実相をどう伝えるか――初期の原爆遺跡存廃論議に学ぶ」『日本の科学者』第三四巻八号、一九九九年八月、一六頁。
(32) 「ヒロシマの20年」『読売新聞』一九六五年八月六日付。
(33) 前掲広島市編『広島新史』(社会編)、九九頁。
(34) 阿部亮吾「平和記念都市ヒロシマ、争われる「被爆の景観」」阿部和俊編『都市の景観地理』(日本編1)、古今書院、二〇〇七年、七七頁。
(35) 『朝日新聞』二〇〇七年七月一日付。
(36) 『朝日新聞』二〇〇七年七月三日付。
(37) 『毎日新聞』二〇〇七年七月三日付。
(38) 『朝日新聞』二〇〇七年七月四日、五日付。
(39) 「主張　北朝鮮核実験　国際社会の一致した対応こそ」『赤旗』二〇〇六年一〇月一一日付。
(40) 「主張　北朝鮮核実験　断じて許されない暴挙」『公明新聞』二〇〇六年一〇月一一日付。
(41) 民主党HP (http://www1.dpj.or.jp/news/?num=9059)。
(42) 石井和彦「日本は唯一の被爆国でない」『地球の一点から』(月刊ニュースレター)、第一四号、法政大学西田勝研究室、一九八九年一二月。市場淳子「「唯一の被爆国」から「開かれた被爆国」へ」『世界』第六九二号、岩波書店、二〇〇一年九月。春名幹男「「唯一の被爆国」からの脱皮――被爆者とヒバクシャの連帯のために」『世界』第四九一号、岩波書店、一九八六年八月。中島竜美「被爆ナショナリズムをどう超えるか――反核平和市民運動の課題と展望」『月刊社会党』第三八二号、日本社会党中央本部機関紙局、一九八七年一一月。
(43) 小林徹編『原水爆禁止運動資料集』第二巻、緑蔭書房、一九九五年、二八四―二八五頁。
(44) 同右、四一一頁。
(45) 同右、三巻、一一三頁。

(46) 国会会議録検索システム(http://kokkai.ndl.go.jp)を参照。
(47) 日本非核宣言自治体協議会によれば、二〇一六年現在全国の一七八八自治体のうち、一六〇四自治体が非核宣言に加わり、宣言率は八九・七%に達する(http://www.nucfreejapan.com)。
(48) 『朝日新聞』一九八九年三月四日付。
(49) HIROSHIMA PEACE SITE(http://www.pcf.city.hiroshima.jp)および長崎新聞のホームページ(http://www.nagasaki-np.co.jp)、鎌田定夫編『広島・長崎の平和宣言』平和文化、一九九三年。
(50) 朝日新聞検索システム「聞蔵II」による。
(51) 「日本において原水爆禁止運動が発展している第二の理由は、日本人こそ原爆の洗礼をうけた最初にして唯一の国民であるということ」(『ビキニ水爆実験の影響と日本における原水爆禁止運動(世界への報告)』一九五五年一月、七頁、小林徹編『原水爆禁止運動資料集』第二巻、緑蔭書房、一九九五年、一一頁)。
(52) 小林徹編『原水爆禁止運動資料集』第四巻、緑蔭書房、一九九六年、一九六頁。
(53) 『ビキニ被災五周年・原水爆禁止・核武装反対日本大会焼津宣言・決議』一九五九年三月一日(小林徹編『原水爆禁止運動資料集』第六巻、緑蔭書房、一九九六年、五頁)。
(54) 小林徹編『原水爆禁止運動資料集』第六巻、緑蔭書房、一九九六年、五九頁。
(55) 小林徹編『原水爆禁止運動資料集』第七巻、緑蔭書房、一九九六年、一四七頁。

第七章　二つのアトミック・サンシャイン

被爆国日本はいかにして原発大国となったか

福島原発事故の後、さまざまな場所で「二度も原子爆弾の洗礼をうけた日本が、なぜ原発大国になったと思うか？」と質問される。この質問には、原爆で甚大な被害を受け原爆と放射能の被害をもっともよく知っているはずの日本に原発はそぐわないのではないか、という含意がある。ところが、戦争の経験が必ずしも反戦の滋養にならないように、被爆の経験も必ずしも反核の滋養になるわけではない。むしろその反対もありうる。戦争の被害国が復興後に富国強兵へ向かうこともあるように、原爆の被害をうけた日本も、当然ながら核開発に血眼になって核武装国として生まれ変わる可能性が論理的に全くないとはいえない。

しかし、ジョン・ダワーの言葉を借りれば、日本は「敗北を抱きしめて」生まれ変わった。[1] 戦争と被爆を耐えぬき、いわゆる「平和主義」国家として生まれ変わった。武器輸出に一定の制限をかける武器輸出三原則や、核兵器の開発や搬入を禁止する非核三原則、そして軍事的武装とその行使を制限した憲法九条などは、他の国には見られない平和的制度である。こうした平和的制度が戦争と被爆の悲惨な経験から生まれたのは明らかな事実だ。この変化を「過剰軍事国家」から「過剰平和国家」への変身と表現しておこう。暴力機構の独占という国家の本質的要素を放棄した日本を、「ハンディキャップ国家」「非正常国家」と形容する場合もある。もちろん、平和的制度は条文や理想をそのまま現実に反映しているとは限らない。米軍の供与する武器は武器輸出三原則の対象に含まれない。非核三原則も日本「国籍」による核兵器の開発と保有を制限しているが、米国の核兵器搬入には無気力な対応に終始している。米国の核兵器の搬入を制度的に許容する非核二原則への移行も想定される。自衛隊と在日米軍の存在を考えれば、憲法九条もすでに有名無実となった。また、憲法九条は必ずしも核武装を禁止したわけではない、と政府当局者が繰り返し発言して問題となっている。(2)

よって「過剰平和国家」とは、反戦・反核をアイデンティティとする国家という意味ではなく、実際には武装しているのに言説としては非武装平和が氾濫する現実、言い換えれば制度と言説と実態の間隙を示す言葉として用いたい。非核三原則・武器輸出三原則・憲法九条のような平和的制度で膨らんだ「虚像」が、その裏側にある在日米軍、自衛隊のような強力な軍事力、そして米国の核の傘のもとにありながらそれを補完する戦後日本の実態を隠蔽しているという意味である。

一九六三年一〇月二六日は東海村に設置された実験用原子炉が初めて発電に成功した日である。これを記念して一〇月二六日は「原子力の日」に指定された。それから約五〇年後、二〇一一年三月一一日の直前は、計五四基の原発が稼働中で、電力消費量の約三〇％以上を原発に依存する世界でも指折りの原発大国となった。日本の戦後は原子力に支配され、支えられたとみることもできる。

日本が原発大国の道を歩みはじめたのは一九五〇年代である。一九五四年三月に原子力研究開発予算が国会に提出され、通過した。この時の予算は二億三五〇〇万円、原子核分裂の原料であるウラン２３５にちなんだといわれる。一九五五年には原子力基本法が制定された。実に三〇万人が死亡した広島・長崎の被爆から、たかだか一〇年も経たないうちに原子力を受け容れる準備を整えたことになる。原発国家の幕が開いたのだ。

よって過剰軍事国家から過剰平和国家への変身は、同時に原子力過剰主義への変身も意味した。ここでいう原子力には二つの意味がある。ひとつはエネルギーとしての原子力。原発大国の道を歩みはじめた一九五〇年代にこの路線は完成した。もうひとつは核兵器としての原子力。日米安保条約によって安全保障を米国に代理委託する体制となり、米国の核の傘のもとに入ったことでこの路線は完成した。だとすればこのような原子力過剰主義と、反核・反戦を謳う過剰平和国家がどうして併存できたのだろうか。被爆経験を源泉とする「核アレルギー」と呼ばれる反核世論と、過剰原子力主義はいかにして矛盾なく共存できたのだろうか。

原爆と原発はおなじ幹から枝分かれした、切り離すことのできない同体である。原爆や原発はいずれもウランを原料とし、その原理もまた核連鎖分裂に立脚しているからである。だとすれば過剰平和国家日本が原発大国となった前提には、原発は原爆（核爆弾）とは違う、軍事利用には反対だが平和利用ならよいという認識があるはずだ。なぜそうなったのか？　広島、長崎の原爆投下からたった一〇年しか経たないのに、被爆国日本はいかにして原発大国への道を歩むことになったのか？

1　原子力ブーム

韓国でもよく知られる手塚治虫の「鉄腕アトム」が漫画雑誌に連載されたのは、一九五一年から一九六八年までである。アトムは文字どおり「原子」という意味だ。ロボットアトムは原子力エネルギーを動力源とする。米国ではASTRO BOYと呼ばれる。アトムの兄の名はコバルトで、妹はウランである。もし一九五〇、一九六〇年代の日本社会に原子力への拒否感があったならば「鉄腕アトム」が描かれることも、人気を集めることもなかっただろう。これに対し、一九五四年に公開された映画「ゴジラ」は水爆実験のせいで遺伝子に変異を来した怪獣ゴジラが日本を破壊する内容である。「ゴジラ」と「アトム」はいずれも原子力という同じ幹から生まれたが、一方は原子力の統制不可能性を、もう一方は原子力の統制可能性をそれぞれ象徴しており、相異なる双生児である。「ゴジラ」は原子力の軍事利用の危険性を、「アトム」は平和利用の可能性を示しているのである。広島・長崎の被爆から一〇年も経たないこの時点で原子力を武器から分離し、新たな「夢のエネルギー」と位置づける思考が社会に広く拡散していたのだ。

実際に一九五〇、一九六〇年代はウラン、放射能、原発に世間は沸き返った。「原子力フィーバー」という言葉が流行したほどだ。石川県出身の東善作（一八九三〜一九六七）という人物は、原子力時代の到来を予想し国内でウラン鉱山の発掘に力を注いだ。「ウラン爺」というアダ名をつけられるほどの東の信仰は、現代からみると猟奇を越えて怪異ともいえるほどだ。ウラン鉱石を混ぜた湯船につかり、ウラン鉱石の粉末を混ぜた肥料で野菜を育てて常食した。健康によいからという理由で、ウラン鉱入りの湯船に入り、ウラン鉱石の粉末を混ぜた肥料で野菜を育て食卓に並べた。東は癌で死んだ。妻と幼い子どもも癌で死んだ。もちろん、被爆者の死と放射能との因果関係が常にそうであるように、東一家の死が「ウラン愛」のせいだと証明することは極めて困難だ。東が発掘したウラン鉱山のある鳥取県人形峠では、土産物として「ウラン饅頭」を売った。ウラン粉末を混ぜた陶磁器も地域の特産品だった。岐阜県苗木にあるウラン鉱山の採掘権を持っていた女性は、「放射能酒」を売りだして有名になった。一九五四年八月一日の『サンデー毎日』は、この女性を「ウラン婆さん」と命名し、この酒を原料に米も麦も使わず、製法は「秘中の秘」だと紹介している。(3)

日本新聞協会は毎年一〇月一五日から一週間を新聞週間とし、新聞標語を発表している。一九五五年の標語は「新聞は世界平和の原子力」であった。当時「原子力」は平和のためのエネルギーであると同時に先端科学であり、進歩であり、未来を象徴する言葉であった。

プロ野球チーム「ヤクルトスワローズ」は、一九六六年から一九七三年まで「アトムズ」を名乗っていた。主要大学に「原子力」を冠した学科が設置されたのもこの頃だ。しかし一九八六年のチェルノブイリ原発事故で社会的イメージが悪くなると、大部分の大学では学科名から原子力という名前を外した。例えば、東京大学に一九六〇年に設置された原子力核工学科は一九九四年に物理工学科に、北海道大学に一九六七年に設置された原子工学科は一九九六年に物理工学科に、九州大学に一九六七年に設置された応用原子核工学科は一九九九年にエネルギー科学科に、名古屋大学に一九六六年に設置された原子核工学科は一九九四年に量子エネルギー工学科へとそれぞれ名称を変える。[4]

このように少なくとも一九五〇年代は拒否感どころか、むしろ新しい科学文明のイコンとして原子力を受け容れる雰囲気が社会で醸成されていた。反核団体も例外ではない。毎年八月に原水爆禁止世界大会が広島と長崎で開催される。この行事は一九五四年に米国がビキニ環礁で行った核実験で第五福竜丸ほか多数の日本の遠洋漁船が被曝したことが契機となり、一九五五年から毎年開催されている世界的行事である。ところで、第一回大会の一九五五年から第三回大会の一九五七年までは原子力の平和利用に関する決議とともに、宣言文が読み上げられた。例えば、第一回大会の宣言文では「本大会は原水爆禁止が必ず実現され、核戦争を企図する力を打ち壊し、その原子力を人類の幸福と反映のために利用せねばならない」としている。第二回大会（一九五六年）の宣言文では「原子爆弾の禁止が実現されてこそ原子力が人類の幸福の助けとなる」となっている。[5]核兵器には反対するが原子力エネルギーには反対しないというだけでなく、核兵器に反対してこそ原子力の平和利用の道が開かれると述べている。その後、社会主義圏の核武装をめぐる立場の違いから、社会党系の原水禁と共産党系の原水協に分裂するが、原水禁が原発反対の姿勢を明確にするのは一九七〇年代に入ってからだ。だが共産党系の原水協は、核兵器には反対するが核の平和利用には賛成する立場を堅持する。

原爆被害者たちも同様である。原爆被害者の全国組織である被団協（日本原水爆被害団体協議会）は一九五六年に以下のような「結成文」を掲げた。

私たちは今日ここに声を合せて高らかに全世界に訴えます。人類は私たちの犠牲と苦難をまたふたたび繰り返してはなりません。破壊と死滅の方向に行くおそれのある原子力を決定的に人類の幸福と反映の方向に向わせるということこそが、私たちの生きる日の限りの唯一の願いであります。(6)

研究者から原爆の被害者まで、平和利用の原発と軍事利用の核兵器を分ける思考が浸透し、一九五〇年代の原子力ブームを支えたのだった。もちろん、反対の声がなかったわけではない。多くの核物理学者たちは異議を唱えた。例えば、反ファシズム運動に加わり二度の投獄経験がある武谷三男は、戦争末期には軍部の推進する原子爆弾開発にも関与した有名な核物理学者であった。敗戦後は核兵器と日本の原子力政策に批判的な立場をとり、一九七〇年代からは原発反対運動の理論家として活躍した。武谷は、たとえ平和利用といえども政府が原子力政策を進めれば、軍事的に悪用されるばかりか、対米従属を深化させかねないとみた。そして、透明で民主的で自主的な原子力開発を主張した。つまり、武谷は原子力の軍事利用と米国に依存した開発に反対したのであって、平和利用と自主的な開発には賛成したのだ。その意味では、日本政府と考え方にそれほど大きな差異があったわけではない。

以上から、被爆国日本が原発大国になったことは少しも不思議なことではないように思われる。原子力は人間が統制できるアトムであって統制できないゴジラではないと考えたからだ。もう少し正確にいえば、原子力がゴジラであることをどうにかして否定しようとした。アトムがゴジラになりうることを否定できなくなったのは、稼働中の原発で事故が発生し始めた一九七〇年代になってからだ。ヨーロッパの反原発運動の影響もあった。原発と原爆は根っこはひとつであり、二つを分けることはできないと気づき始めたのだった。しかし、すでに原子力エネルギーがもたらす「安楽な生活」にたっぷり浸かっていた日本社会は、アトムの虜から抜け出すことはできなかった。

2　米国の原子力セールスと「毒をもって毒を制す」

一九五〇年代の原子力ブームは、科学に対して日本人が全幅の信頼を置いていたことだけでは理由を説明できない。やはり米国の意向が強く働いたとみたほうが正しいだろう。例えば、アメリカン大学各研究所所長であったピーター・クズニックは福島原発事故直後に発表した論文で、二つの点を強調している。ひとつは米国が一九五〇年代に宣伝攻勢をかけて反対世論を鎮め、原子力産業を日本に花開かせるにあたって決定的な役割を果たしたことであり、もうひとつは一九五三年一二月の国連総会でアイゼンハワー米大統領が出した原子力の平和利用に関する声明は、軍備拡張と核兵器増強を隠すためだったということだ(7)。

一九九四年三月一六日に放映されたＮＨＫの「原発導入のシナリオ――冷戦下の対日原子力戦略」は、この問題を正面からより詳しく扱っている。一九五〇年代に米国が日本への積極的な原発セールスを展開した理由については、二通りの説明を与えている。ひとつは一九五三年八月一二日に成功したソ連の水爆実験。原爆の開発と使用で米国に立ち遅れていたソ連は、水素爆弾の開発では先頭に立ったのである。また、ソ連は翌一九五四年一月にウラン濃縮と技術提供を内容とする原子力協定を中国、ポーランド、東ドイツ、チェコスロヴァキア、ルーマニアと結んだ。そして同年に世界初の原子力発電所を稼働させた。これは原子力の軍事利用に限定されていた核ブロックが、原子力の平和利用の領域にまで拡大したことを意味する。原子力の軍事利用と平和利用をめぐる核競争で優位に立ったソ連に危機感を抱いた米国は、それまでの原子力に関する徹底的な秘密主義を放棄して全面的な情報公開主義へと方針を転換し、核兵器ブロックを原発ブロックまで拡大しようとした。それがアイゼンハワーの原子力の平和利用宣言であった。よって日本の原発大国への参入は、こうした米国の原子力戦略と切り離すことはできない。一九五四年三月に国会で原子力開発予算が採択されたのはこれを反映している。

しかし、予想外の事件が発生する。それが先述した第五福竜丸事件だった。この事件を日本社会は広島、長崎に続く、三度目の被曝と受け取った。潜在していた反核世論は反米世論と結びつき、増幅した。[8] ソ連はこれに乗じて反米世論を拡大し、日米同盟体制に亀裂をもたらそうとする動きを本格化させた。

原子力の平和利用を世界に宣言し、ソ連に対抗する核ブロックを実現しようとしていた米国にとって、日本国内で膨らんだ反核・反米の声はこの計画に蹉跌をきたす危険があった。そこで米国は心理作戦を展開した。作戦の要諦は「毒をもって毒を制す」であった。つまり、広島・長崎への原爆投下という毒で生じた核アレルギーを、別の毒である原発で鎮めようとしたのである。米国のこうした要求に積極的に応じたのが、後に首相となる中曽根康弘議員と読売新聞社社長の正力松太郎である。二人は、貧しさから脱けださなければ日本に社会主義革命が起こりうるし、社会主義革命を防ぐためには貧しさから脱けださなければならないと考えた。そのためには安定的なエネルギー確保が重要で、原子力が最適とみたのである。しかし被爆国ゆえ国民のあいだで核に対する嫌悪感は根強い。原発を核兵器から切り離して考えてもらうことが早急に必要だった。そこで原発を共産化をふせぐための堤防として提示したのである。米国と日本は冷戦下で利害を共にしたのである。

米国の原子力宣伝戦はさらに熱を帯び、『読売新聞』は原子力広報大使を自任した。例えば一九五五年に東京の日比谷公園では「原子力の平和利用のための大講演会」が開かれたが、『読売新聞』はその様子を二面を使って大々的に報道し、系列の日本テレビは当時としては異例な生中継をした。こうして「毒をもって毒を制」した結果、原子力は死の影から脱けだして生命力のイコンとしての地位を得た。そして一九五五年六月、日米原子力協定が調印された。米国は一九五五〜五八年のあいだに、日本をはじめ世界三九か国と原子力協定を結んだ。核兵器をめぐる米ソ対立に原発も組み込まれていったのである。

3　広島に原発建設？

被爆地広島に原発を建設しようとした米国の計画は、「毒をもって毒を制す」戦略の本質を明らかにする。第五福竜丸事件直前の一九五四年一月八日、マンハッタン計画に関わった科学者ポーターは広島市を訪問し、原子爆弾により莫大な被害を受けた広島こそが、原子力の平和利用の恩恵を最優先で受ける権利があると市長に語った。年九月二一日、米国原子力委員会トーマス・マリーは米国鉄鋼労組大会に出席し、「広島と長崎の記憶が鮮明である間に、日本のような国に原子力発電所を建設することは、両都市に加えた殺傷の記憶から全ての米国人を遠ざからせることのできる劇的でかつキリスト教的精神に沿うものである」と語る。[9]そして一九五五年一月二七日、今度は米下院議員民主党のシドニー・イェーツが、「日米合同の工業用原子力発電炉を建設する緊急決議案」を下院本会議に提出した。

平和的目的の原子力開発はいまや米国の世界における知識、技能、経験を人類福祉と進歩のため世界諸国に分つことが可能な段階に到達しており、〔…〕原子の破壊力が日本の広島市に初めて体験された事例にかんがみ、米国は同市こそ産業用電力を起し得る原子炉建設により、原子力平和利用センターに選定さるべきだと信ずるがゆえに、米国上下院は米政府が日本政府と協力し、日本の広島市に原子炉を建設し、産業用電力開発を通じて平和と進歩の増進に寄与するよう決議する。(10)

このイェーツの決議案に対し、広島市長は「医学的な問題が解決されたなら、広島は〃死の原子力〃を〃生〃のために利用することは大歓迎」と語った。そして一九五五年七月の市議会でも市長は「日本だけ、広島市だけいたずらに原子力の平和利用に狭量であってはならない。適当な時期に受入れる気持ちである」と話した。(11)

なぜ原発を広島に建設しようとしたのか。イェーツ議員はこれに「最初に原子力の破壊力をこうむった広島こそ最初に原子力の平和的恩恵を受ける資格がある」と答えたうえで、なぜ米国は日本にのみ原発建設の援助をするのかという質問には「(原発建設は)日本を含めた全自由諸国に及ぶべきだと考える。もちろん当面の重点は日本にある(12)」と答えている。この計画では、広島・長崎に対する無差別殺戮の記憶から米国人を救うためではなく、日本国内の反米・反核世論を鎮め、冷戦下で東側ブロックに対し優位に立ちたい米国の意向が強く働いていたことがわかる。もちろん実際には、広島に原発は建設されなかった。いや、そもそもそんな意図などは無かったのかもしれない。この計画は原発の安全性を日本社会に広めるための、日米両国による宣伝であった可能性が高い。

4　核兵器と原発

では、「非核三原則」によって自ら核武装を制度的に「放棄」した日本が原発大国にひた走ったのは、産業的利益だけで説明できるものだろうか。本当に平和利用に限定した原子力政策なのだろうか。つまり、原発建設が核兵器開発へつながる可能性は無いのだろうか。この質問に答えるには、いくつかの留保が必要である。あらゆる原発が常に核兵器への転用を目的にしているとは考えられないからだ。原発が軍事技術の民間への転用の代表例であることは明らかだが、だからといって原発で蓄積された民間技術がかならず武器製造に応用されるとは限らない。つまり、日本の原発大国への道が最初から核兵器開発を念頭において進められたとは断言できない、ということである。

ただ、日本が推進している原発が他の国と異なる点に注目する必要がある。その代表が核燃料サイクルである。日本の原発政策は当初から一貫して、核燃料サイクルの自立的構築を目指してきた。核燃料サイクルとは、原発で生じる使用済核燃料を再処理し、プルトニウムやウランを取り出して原発の燃料として再利用する循環システムをいう。特に問題なのは高速増殖炉で燃料にプルトニウムを使うことである。額面通り解釈するならば、使用済核燃料を無駄にせず再利用する計画は、利益を追求する産業として当然であるといえなくもない。しかし、プルトニウムの抽出を核武装と結びつけて考えなければならない理由がある。

一九六九年に外務省が作成した「わが国の外交政策大綱」という極秘文書を『毎日新聞』が一九九四年八月に報じた。この文書には「核兵器については、NPTに参加すると否とにかかわらず、当面核兵器は保有しない政策をとるが、核兵器製造の経済的・技術的ポテンシャルは常に保持するとともにこれに対する掣肘をうけないよう配慮する。又核兵器一般についての政策は国際政治・経済的な利害得失の計算に基づくものであるとの趣旨を国民に啓発することとし、将来万一の場合における戦術核持ち込みに際し無用の国内的混乱を避けるように配慮する」(13)という内容が含まれている。

どのレベルの政府高官がこの情報を共有していたのかはわからない。政府の公式の核政策なのか、あるいは外務省の一部の意見だったのか、そして今でもこの政策を継承しているのかどうかも現段階ではわからない。ただ、佐藤栄作首相が非核三原則を日本の核政策の原則として公にした同じ時期に、政府内部で核兵器を製造できる技術を保持しようとしていた点が重要なのである。

この極秘文書からは、いかなる場合でも自主的核武装というカードを残しておきたかった日本の意図を読み取れる。もちろん、一九七六年にNPTを批准したことにより、日本は核武装できなくなった。だがこれは核武装を外交的・制度的に放棄しただけであって、極秘文書のいう「核兵器製造の経済的・技術的ポテンシャル」まで放棄したわけではない。この『毎日新聞』のスクープを念頭に、一九九四年八月三日の平壌放送が「日本が世界に前面にこれみよがしに掲げた非核三原則というものは、まったくの偽の看板に過ぎなかった。日本当局者たちは口さえ開けば日本の原子力利用が平和目的に限定されているかのように繰り返し語っているが、これが世論を騙すための欺瞞であったことが再び漏れなく明らかになった」と非難したように、だとすればここでいう「核兵器製造の経済的・技術的ポテンシャル」の保持とは何を指したものなのだろうか。大部分の先進国がすでに放棄した高速増殖炉に固執する日本の原発政策との関連は無いのだろうか？

日本政府は、「商業原子炉の廃棄物から取り出したプルトニウムでは核兵器は作れない」と説明してきた。例えば、一九九三年一〇月二九日、参議院科学技術特別委員会において科学技術庁の江田五月長官は「我が国が核物質、使用済みの核燃料から再処理をして得るプルトニウムについては……核兵器に転用できる程度のもの……にはならない」と語っている。つまりプルトニウムは平和利用に留まるものであり、軍事的に転用する意思もなく、技術的にも不可能だという立場を堅持してきたのである。

ところがプルトニウムと核兵器の関連性を示す新たな事実が一九九四年六月に確認された。米国エネルギー省（Department of Energy）が極秘文書を公開して、「一九六二年に発電炉で使用済みとなった核燃料を再処理して得たプルトニウムで核爆弾を作り、その核爆発実験に成功した」事実を明らかにした。原発と核兵器の相関関係が初めて公式に確認されたのである。プロトニウムを人体に注入する実験が行われたという襲撃的な事実が知らされたのもこの時である。

原発から抽出したプルトニウムで核兵器を作れるという事実を日本政府が一九九四年に初めて確認したとすれば、高速増殖炉を建設して核燃料サイクルシステムを構築する政策は、原子力の軍事転用に目的を置いていたと判断することはできない。高速増殖炉もんじゅの着工は一九八五年だからである。しかし、日本政府が兵器に転用できるという事実を米国から伝えられたのはそれよりずっと前の一九七〇年代だった。

一九七六年一一月、ワシントンでプルトニウムの軍事利用に関する特別な説明会が開かれた。世界各国の専門家約一〇名が参加した説明会では、「どのようなプルトニウムも核兵器の材料になる」という、当時としては常識をくつがえす衝撃的な発表があった。外務省官僚も参加しており、会終了後に日本政府にこれを報告したという。[14] ここから、日本政府は原発から抽出したプルトニウムで核兵器を作れるという事実を、すでに一九七〇年代から認識していたことになる。技術的にむずかしく先進諸国が放棄した高速増殖炉の建設に固執した裏には、核兵器の製造能力の維持という目的が隠されていたことを読み取らざるをえない。

5　二つのアトミック・サンシャイン

「いや、原子力的《アトミック》な日光の中で陽なたぼっこをしていましたよ。」

アトミック・サンシャイン（atomic sunshine）と呼ばれるこの有名な一節ほど、戦後日本社会のアイロニーを象徴する言葉は無いだろう。時は米軍の占領下にあった一九四六年。連合国軍最高司令官マッカーサーのもとで民政局長を務めていたコートニー・ホイットニー准将は、吉田茂外相ら日本の高官を前に、そう言ったという。いわゆる「マッカーサー三原則」と呼ばれる憲法改正に関連するメモを、日本政府側に差し出しながらそう述べたのだった。マッカーサー三原則は絶対主義天皇制に代わって象徴天皇制を置き、あらゆる軍事力の保有と行使を禁止するという内容であった。ホイットニーの発言が世間に知られたのは、『シカゴ・サンタイムズ』の東京支局長だったマーク・ゲインが、一九五一年に著書『ニッポン日記 Japan Diary』を出版したからである。[15] ホイットニーのこの言葉は、日本の高官にはマッカーサー三原則を日本政府が受け入れなければ、米国が再び原爆を使用するかもしれないという「脅迫」に聞こえたという。「脅迫」に屈したわけではないだろうが、日本政府はマッカーサー三原則に従い憲法を改正した。現行憲法は日本人民の自発的な選択ではなく、米国の不当な脅迫によって制定された、と右派が主張する根拠もここにある。例えば江藤淳はこのとき「ホイットニーが飛び去った米軍機の爆音を計算に入れて、わざわざ「原子力エネルギーの暖［＝太陽の熱］」に言及し、米側に三度目の原爆攻撃を行い得る能力があることを誇示」したという。[16] また、加藤典洋も「いかなる戦力ももたない、「武力による威嚇又は武力の行使」を国際紛争解決の手段としてはどのようなことがあっても認めない、という条項が、原子爆弾という当時最大の「武力による威嚇」の下に押しつけられ、また、さしたる抵抗もなく、受けとられている」とみる。[17] こうした解釈の是非はともかく、ホイットニーのいうアトミック・サンシャインはその後の日本社会の「繁栄」を予測したとも言えよう。ひとつは米国の核の傘というアトミック・サンシャイン。日本は自前の核武装を放棄する代わりに、米国が守ってくれる核ブロックに参入することにより、軍事的安寧を享受した。もうひとつは原発というアトミック・サンシャインで、これにより経済的繁栄を享受した。軍事的でありながらも産業的でもあった、この二つのアトミック・サンシャインが戦後日本の「繁栄」を支えたのである。

だとすれば、広島・長崎の被爆経験にもかかわらず、この二つのアトミック・サンシャインはいかにして可能だったのか？　すでに述べたように、重要なことは原子力の軍事利用と平和利用のあいだの線引きであり、この線引きを通じて核兵器と原発は異なるものであると信じる思考が社会的に刻印されたことだ。さらに被爆経験がむしろ原発への過度な信頼へとつながった側面もある。例えば、日本原子力産業会議の副会長を務めた森一久は、一九九九年九月三〇日に発生した東海村原発事故について次のように語った。

「原子力は原爆の怖さを知った上で使われている。被爆者の、平和利用にだけその力を使って欲しいという悲痛な叫びに支えられ、今日まで続いてきた。」「臨界事故と広島・長崎の体験は、放射線被害という点で関係はあるが、同列に扱ってはならない。[18]」

森は広島の被爆者である。被爆者の苦痛を誰よりも身体で知っている人物だ。その恐怖を知るにもかかわらず、いや、その恐怖を知っているからこそ原発は核兵器とは異なると主張したのだ。森は二〇一〇年に七四歳で亡くなったが、福島原発事故を体験すれば、原爆の放射能と原発の放射能に違いがないことにもちろん気づいただろう。

もし日本が福島原発事故を契機に脱原発の道を歩むとすれば、原子力の軍事利用と平和利用を分離する一九五〇年代以来の考え方はこれ以上通用しないと自ら認めることになる。また、日本の核武装の可能性に対する周辺地域の疑いも鎮まるだろう。だが、日本が脱原発をしようが、核武装を放棄しようが、依然として米国の核の傘のもとにあるという問題は残るのである。問われるべき問題は日本の戦後平和主義が米国の核の傘で守られてきた構造がいまも現在進行形として続いているという厳正な事実である。

注

(1) 존 다우어 지음、최은석 옮김『패배를 껴안고』민음사、二〇〇九年。
(2) 권혁태「비핵3원칙이 비핵2원칙으로?」『일본의 불안을 읽는다』교양인、二〇一〇年。
(3) 武田徹『「核」論——鉄腕アトムと原発事故のあいだ』筑摩書房、二〇〇二年、五四頁。
(4) 권혁태「아톰의 볼모、고질라의 공포」『한겨레21』第八五八号、二〇一一年五月二日。以下、『ハンギョレ21』に連載中の「또 하나의 일본」と一部重複することをお断りしておく。

（5）原水爆禁止日本協議会編『原水爆禁止世界大会宣言・決議集』一九六九年。
（6）森瀧市郎『反核三〇年』日本評論社、一九七六年、四五頁。
（7）Peter Kuzunick, “Japan’s nuclear history in perspective: Eisenhower and atoms for war and peace”, BULLETIN On-line, April 13, 2011.
（8）권혁태「참치가 일으킨 반핵평화운동」前掲書。
（9）田中利幸「「原子力平和利用」と広島」『世界』二〇一一年八月。
（10）『日本経済新聞』一九五五年二月二一日。
（11）田中利幸、前掲論文。
（12）『日本経済新聞』一九五五年三月二八日。
（13）毎日新聞社会部編『ウサギの耳とハトの夢――日本の核と情報戦略』リベルタ出版、一九九五年、一六一一七頁。「わが国の外交政策大綱」の全文は外務省のＨＰで見ることができる。
（14）以上は毎日新聞社会部編、同右、五八－六〇頁。
（15）マーク・ゲイン著、井本威夫訳『ニッポン日記』筑摩書房、一九九八年。
（16）江藤淳『一九四六年憲法――その拘束』文藝春秋、一九八〇年、三五頁。
（17）加藤典洋『敗戦後論』講談社、一九九七年、二〇－二一頁。
（18）田中利幸、前掲論文、二四九頁。

訳者あとがき

本書は、韓国の日本研究者である権赫泰氏が二〇〇九年から二〇一四年にかけて学会誌や大学紀要に執筆した日本の「戦後」の思想や社会運動に関する論考を、日本での出版のために独自に編集・翻訳したものである。翻訳にあたり、第二章、第四章、第五章は初出の論文を底本としたが、その他の論文は著者による大幅な加筆・修正が加えられている。

論文の初出は左記のとおりである。

第一章　「역사와 안보는 분리 가능한가：일본의 우경화와 한일관계（歴史と安保は分離可能か――日本の右傾化と韓日関係）」『창작과비평』창비、第四二巻一号、二〇一四年三月

第二章　「사상의 사상화라는 방법：마루야마 마사오와 조선（捨象の思想化という方法　丸山眞男と朝鮮）」『역사비평』역사비평사、第九八号、二〇一二年二月

第三章　「선린학생회관과 중일관계：국민국가의 논리와 진영의 논리（善隣学生会館と中日関係：国民国家の論理と陣営の論理）」『중국현대문학』한국중국현대문학학회、第六〇号、二〇一二年三

月
第四章 「〝국경〟안에서 〝탈／국경〟을 상상하는 법：일본의 베트남 반전운동과 탈영병사（国境内で脱国境を想像する方法）」『동방학지』연세대학교국학연구원、第一五七集、二〇一二年
第五章 「一九六〇년대 단카이 세대의 〝반란〟과 미디어로서의 만화：만화 내일의 조』를 중심으로（一九六〇年代団塊世代の「反乱」とメディアとしての漫画『あしたのジョー』を中心に）」『사이間SAI』국제한국문학문화학회、第九号、二〇一〇年
第六章 「히로시마／나가사키의 기억과 〝유일 피폭국〟의 언설（ヒロシマ／ナガサキの記憶と唯一の被爆国の言説）」『일본비평』서울대학교 일본연구소、第一号、二〇〇九年八月
第七章 「두 개의 아토믹 선샤인：피폭국 일본은 어떻게 원전 대국이 되었는가（二つのアトミック・サンシャイン——被爆国日本はいかにして原発大国になったか）」『황해문화』새얼문화재단、第七二号、二〇一一年九月

著者の権赫泰氏は一九五九年に韓国で生まれた。高麗大学校史学科を卒業後、一橋大学大学院経済学研究科に学び、学位論文「日本繊維産業の海外進出と植民地——日本と植民地朝鮮の絹業・綿業を中心にして」で博士号を取得した。その後、山口大学経済学部助教授を経て、現在は韓国の聖公会大学日本学科教授の職にある。

権氏の研究は、こうした経歴からもわかるように、絹業・綿業を素材とした「日本資本主義と朝

鮮」に関する分析に始まった。だが、近年は経済史研究にとどまらず、広く日本と朝鮮半島の現代史をめぐる諸問題について、週刊誌、新聞などで執筆・発言しているほか、日本の論壇誌に歴史認識や憲法、平和主義をめぐる問題について寄稿している。韓国でも指折りの日本研究者といえるだろう。

韓国で出版された著書に、時事週刊誌『ハンギョレ21』の連載をまとめた『日本の不安を読む』（教養人、二〇一〇年）や、一九九〇年代の社会と文化を論じた『日本戦後の崩壊：サブカルチャー、消費社会、そして世代［ソウル大学校日本研究所 Reading Japan 9］』（ジェイエンシー、二〇一三年）などがあるほか、徐京植『植民地主義の暴力——「ことばの檻」から』（高文研、二〇一〇年）や豊下楢彦『昭和天皇・マッカーサー会見』（岩波現代文庫、二〇〇八年）の翻訳も手がけている。

右にあげたとおり、権氏には韓国でも多数の著作があるが、本書はこれらの単行本を翻訳したものではなく、日本での出版のために翻訳者が独自に論文を選び、編集したものである。翻訳にあたりいくつかの論文には大幅な加筆・修正が施されており、こうした意味で、本書は日本でのみ読めるオリジナルな論集といえよう。単行本の翻訳ではなく、あえて学術誌の論文をまとめて出版するにいたったのは訳者の強い希望による。ここで本書の出版に至った経緯について説明しておきたい。

訳者が本書の著者・権赫泰氏と最初に会ったのは二〇〇五年八月、北京においてであった。当時関わっていた雑誌『季刊前夜』に掲載するインタビューと、とある本の合評会に参加するため北京を訪問したが、権氏もまた韓国よりこの合評会に参加していた。これが初めての出会いであったが、これらの学術行事での交流もさることながら、酒席やホテルのロビーでさまざまな話――一九七〇、八〇年代の軍事独裁政権下での学生生活と民主化運動、日本留学時代の経験、とりわけ日本の「戦後」思想についての鋭い批評――を伺ったことが印象に残っている。そして、この時の出会いが縁となり、同じ年の一一月に、私が生まれてはじめて韓国を訪問した際には、聖公会大学にて研究発表と議論の場を設けていただいた。地下鉄に乗ったこと、大学で学生や院生たちと討論したこと、酔いつぶれてタクシーに放り込まれたこと、すべてが忘れがたい、訳者にとってはじめての韓国体験であった。

もちろん、権氏の研究を日本に翻訳・紹介しようと考えるにいたったのは、こうした個人的な交友関係や恩義ゆえではなく、その研究や批評に現代の日本において読まれるべき価値があると信じるゆえである。

訳者が本書の構想を思い立ったのは二〇一三年のことである。当時委員を務めていた歴史学研究会は、二〇一三年度大会の特設部会として「3・11後の「復興」と運動を問う」をテーマに部会を設けることになった。東日本大震災後の「復興」と反原発運動の問題点を同時代的に検証することが目的であったが、訳者はこのテーマであれば、権氏がもっとも適任であると考えて推薦し、報告を依頼した。二〇〇五年の出会い以来、訳者は権氏の研究から多くを学んでいたが、なかでも3・11後の反原発運動のなかにある反西洋的で右翼的な要素を労働運動や平和運動が充分に制御しえていないという指摘は、きわめて重要なものに思えた。「反原発」であれば、右も左も関係ないといわんばかりの「国民」運動の登場には危うさを感じていたが、権氏の指摘はまさしく訳者の抱いた危惧を的確に言葉にするものだったからだ。加えて権氏は日本の戦後体制を支えていたのが核システムであり、「平和主義」という建前が間接的核保有国と原発大国という現実を覆い隠すような効果を発揮したとも指摘しており、この主張も東日本大震災後の社会運動の問題点を考えるうえでの重要な視座を提供していると考えた。

残念ながら諸事情により報告は実現しなかったが、これらの主張は、3・11後の日本の言論のみならず、「戦後」日本をめぐる言説の盲点をつく重要な指摘であるとの考えは変わらなかった。また、部会の準備にあたって読んだ、他の日本の思想や社会運動に関する論考も、「戦後」をめぐる現代日本の言説の問題点をえぐりだす刺激的な指摘に満ちていた。韓国の一般の読者に向けて日本の事情を啓蒙的かつ平易に書いた時事評論よりも、むしろこれらの専門的な諸論考こそ、日本で広く読まれるべきであると考えた。既存の単行本の翻訳ではなく、あえて日本独自の論文集としたのは以上の理由による。

本書に収録した論文を貫く権氏の分析の視点は、日本の「戦後」のさまざまな運動や言説を成り立たせている構造への着目であるといえる。ある新聞のインタビューのなかで、権氏は日本の「平和主義」という言葉には「麻酔効果」があった、と指摘している（「権赫泰氏インタビュー　現代日本の「右傾化」と「平和主義」について　前編」『京都大学新聞』第二五〇七号、二〇一三年四月一六日）。「戦後」の日本社会は現実として平和主義を実現できたわけではなく、自衛隊は存在し、日米安保条約と米国の核の傘のもとにある。しかし護憲運動においては、平和憲法を守ろう、「平和主義」を壊すなというスローガンがくりかえし語られる。ここで権氏が指摘するのは、そもそも平和憲法が維持される前提となった東アジアの構造とはいかなるものであったのか、という問いである。朝鮮半島の分断体制があり、その最前線にはいかなる意味でも「平和主義」的ではない兵営国家・韓国がある。こうした朝鮮半島での戦争状態の継続と、米国の核の傘のもとで謳歌されたのが「戦後」日本の平和ではなかったか、「平和憲法を守ろう」というスローガンは、こうした構造を「守ろう」というものになりはしないか。そう権氏は問うのである。

「戦後」日本の思想と運動についての分析をするにあたり、権氏はつねにこの視点を欠かさない。丸山眞男の「戦後」思想から、なぜ朝鮮が欠落するにいたったのか。むしろ朝鮮＝植民地問題を捨象することにより、丸山の「ファシズム批判」の論理は思想化されえたのではないか（第二章）。日中友好運動における「プロレタリア国際主義」の論理は、左翼運動の内部のナショナリズムと植民地主義を十分に克服しえたのか（第三章）。べ平連の「国家を越える個人の原理」は、本当に「国家」や「国籍」「国境」を超えられたのか（第四章）。「あしたのジョー」に託された団塊の世代の「反乱」において、朝鮮はいかに位置づけられていたのか（第五章）。なぜ戦後日本は米国に核兵器の加害責任を問わなかったのか、また、「唯一の被爆国」という言説はいかにして成立したのか（第六章）。このように、本書所収の論文を貫くのは、言葉や理念のうえでは普遍主義と平和主義を志向した「戦後」日本の言説が、実際にはアジアの冷戦という構造のもと、多くの場合「朝鮮」という存在を捨象することによって可能だったのではないか、という問いである。「戦後」の言説を成立させていた構造に対する問いと言い換えてもいいだろう。

なお、断っておかねばならないのは、権氏のこうした「戦後」日本を分析する視点は、韓国においても必ずしも一般的なものではないということである。むしろここ一〇数年のあいだ、日本の研究や言論が数多く紹介されたことにより、日本の「戦後」思想への評価は高まっているとすらいえる。そうした意味で「戦後」日本の思想や運動についての歴史的文脈をふまえた権氏の批判的検討は、韓国においても貴重かつ独自性のあるものであることを付言しておきたい。「戦後」日本が「平和国家」であった、という言説がますます声高に主張されるようになっているなか、権氏のこうした問いにはきわめて重要な意義があると訳者は考える。本書が多くの読者の手に届くことを願っている。

最後に、本書の出版を快諾してくださり、訳文や出典のチェックをはじめ、細部にわたり詳細かつ丁寧な助言をしてくださった法政大学出版局の奥田のぞみ氏に、厚くお礼申し上げたい。

二〇一六年五月二六日

鄭栄桓

訳者

鄭栄桓（정영환／チョン ヨンファン）
1980年千葉生まれ。明治学院大学法学部卒，一橋大学大学院社会学研究科博士後期課程修了，博士（社会学）。立命館大学コリア研究センター専任研究員を経て，現在明治学院大学教養教育センター准教授。専攻は朝鮮近現代史・在日朝鮮人史。
著書に，『忘却のための「和解」『帝国の慰安婦』と日本の責任』世織書房，2016年，『朝鮮独立への隘路　在日朝鮮人の解放五年史』法政大学出版局，2013年，共訳書に金東椿『朝鮮戦争の社会史　避難・占領・虐殺』平凡社，2008年，論文に「解放直後の在日朝鮮人運動と「戦争責任」論（1945–1949）戦犯裁判と「親日派」処罰をめぐって」『日本植民地研究』第28号，2016年ほか多数。

著者

権赫泰（권혁태／クォン ヒョクテ）
1959年韓国大田市生まれ。高麗大学史学科卒業，一橋大学大学院経済学研究科で博士後期課程修了，博士（経済学）。山口大学経済学部助教授を経て，現在韓国・聖公会大学日本学科教授。専攻は日韓関係史および日本現代史。
主な業績は，『日本の不安を読む』教養人，2010年，『日本・戦後の崩壊——サブカルチャー・消費社会・世代』J&C，2013年。共編著に『アジアの市民社会——概念と歴史』アルケ，2005年，『戦後の誕生——日本，朝鮮という境界』グリーンビー，2013年（いずれもハングル）。日本語論文に，「集団の記憶，個人の記憶——韓国とヒロシマがお互いに問いかけるもの」『現代思想』31（10），2003年，「日韓関係と「連帯」の問題」『現代思想』33（6），2005年，「「平和憲法体制」とアジア——韓国との関連で」『季論21』1号，2008年，「「唯一の被爆国」という言葉と日本の「戦後」」『歴史学研究』917号，2014年ほか多数。

サピエンティア　45
平和なき「平和主義」
戦後日本の思想と運動

2016年8月1日　初版第1刷発行

著　者　権赫泰
訳　者　鄭栄桓
発行所　一般社団法人　法政大学出版局
〒102-0071　東京都千代田区富士見2-17-1
電話03（5214）5540／振替00160-6-95814
組版　言海書房／印刷　平文社／製本　積信堂
装幀　奥定泰之

ISBN 978-4-588-60345-7　Printed in Japan